Atrévase a Creer para Recibir Su Sanidad

Voces de sabiduría sobre sanidad compiladas por

Julia Loren

Whitaker House

Negrita y cursiva en las citas de la Escritura indica que es énfasis del autor.

Traducción al español realizada por:
Belmonte Traductores
Manuel de Falla, 2
28300 Aranjuez Madrid, ESPAÑA
www.belmontetraductores.com

Atrévase a Creer para Recibir Su Sanidad
Publicado originalmente en inglés bajo el título: *Dare to Believe for Your Healing*

ISBN: 978-1-62911-302-9
eBook ISBN: 978-1-62911-303-6
Impreso en los Estados Unidos de América

Whitaker House
1030 Hunt Valley Circle
New Kensington, PA 15068
www.whitakerhouse.com

Por favor, envíe sugerencias sobre este libro a: comentarios@whitakerhouse.com.

1 2 3 4 5 6 7 8 9 10 11 22 21 20 19 18 17 16 15

Nota de la editorial:

Este libro no pretende aportar consejos médicos ni ocupar el lugar del consejo o los tratamientos médicos que corresponden a su médico de cabecera. La editorial no se responsabiliza de ninguna de las posibles consecuencias de cualquier acción que emprenda una persona por leer o seguir la información contenida en este libro. Si los lectores están tomando algún medicamento, deberían consultar con su médico y no dejar de tomar las medicinas por decisión propia sin la adecuada supervisión de un médico. Consulte siempre a su médico u otro profesional de la salud cualificado antes de efectuar cambio alguno en su régimen físico, ya sea el ayuno, una dieta, medicamentos o ejercicio.

Nota del editor:

Se ha mantenido en este libro la escritura, el deletreo y las mayúsculas de los extractos. Se han alterado o añadido algunos elementos de formato y puntuación para darle uniformidad y/o claridad, como la inclusión de referencias entre paréntesis en algunos pasajes bíblicos y para indicar las versiones concretas utilizadas de la Biblia. El orden del material de la enseñanza en video de Randy Clark "When Healing Doesn't Happen" [Cuando no se produce la sanidad] se ha reorganizado con permiso, y se han actualizado partes de la compilación de la Escritura en el capítulo 18.

CONTENIDO

"Dios es bueno, y prefiere que sus hijos estén bien y no enfermos".

"Jesús siempre fue amable y considerado al orar por los enfermos y mostrar amor y afecto. Él nunca reprendió a nadie por su condición".

"La sanidad divina no es ni automática ni depende de nuestras buenas acciones. La sanidad no es una fórmula, ni tampoco viene de métodos creados por hombres. Tenemos que recordar que la sanidad es un don de Dios arraigado en una profunda relación con el poder de su Espíritu".

"La sanidad es siempre el deseo de Dios".

—John Wimber

PREFACIO

Oro para que usted sea bendecido por esta compilación de escritos de cristianos de una fe firme tanto del pasado como del presente que nos muestran colectivamente que Dios aún se deleita en manifestar sanidad sobrenatural hoy día. Al final de cada extracto encontrará una sección titulada "Viaje a la Palabra y al Espíritu". Este segmento proporciona preguntas para que usted examine y pasos de acción/puntos de obediencia para que usted siga que le llevarán a experimentar sanidad en su propia vida. *Atrévase a Creer para Recibir Su Sanidad,* ponga su fe en práctica inmediatamente, ¡y verá lo que Dios hará!

INTRODUCCIÓN

Ayer

Se acercaba ya el final del día, y estaba muy cansada para seguir esquiando, pero ignoré el aviso de mi juicio más sensato, así como el aviso del Espíritu Santo, de volver a subir a la góndola hasta la parte baja de la colina. En cambio, decidí hacer un último descenso.

Esa no fue la única vez que ignoré al Espíritu Santo en días recientes. Había tenido dos opciones para cómo pasar ese fin de semana: visitar amigos cristianos fuera de Londres, donde disfrutaría de la comunión de creyentes afines a mí, o esquiar con unos colegas en Austria. Había sido un sueño para mí esquiar en los Alpes, y pensaba que esa probablemente sería mi única oportunidad, así que aproveché el día. Pero, de repente, el día "se aprovechó" de mí. Resultó ser "mi último descenso", ¡en realidad! Tuve una caída espectacular en la montaña, escurriéndome, derrapando y rodando probablemente unos treinta metros por una cuesta pronunciada y helada. Por el camino, escuché un extraño sonido en una de mis rodillas y pensé: *Eso no puede ser bueno.*

Cuando finalmente logré detenerme, mi cabeza estaba en dirección a la base de la montaña, y mis esquís estaban por encima de mi cabeza. Me giré para que mis piernas quedaran por debajo de mi cabeza, y luego me puse de pie, y fue entonces cuando descubrí que mi rodilla izquierda estaba rota. Tuve que volver a sentarme porque no podía poner peso sobre mi rodilla. La oscuridad de la noche se aproximaba con mucha rapidez en esa pequeña cuesta fuera del trazado, y la patrulla de esquiadores no estaba por ningún lado. Uno de mis amigos pasó por allí con su tabla de snowboard y me preguntó si estaba herida. Le dije que sí. Con total sinceridad, sabiendo que en ese lugar no era posible rescatarme, me miró con los ojos llenos de compasión y dijo: "Aguanta. Debes intentarlo".

Así que no tenía otra opción que esquiar hasta la base de la montaña, un recorrido de veinte minutos en condiciones normales. Me di cuenta de que podía poner peso sobre mi pierna solo si esquiaba recto, algo que no se hace en una pendiente escarpada y bacheada. No podía girar a la derecha sin torcer la pierna, pero podía torcer a la izquierda si ponía todo mi peso sobre la pierna derecha.

Así que, con lágrimas en los ojos, puse mis esquís en dirección descendente y giré a la izquierda, maniobrando mi peso apropiadamente, y lentamente esquié de costado por la montaña. Pero los "bachecitos", o bañeras, de la cuesta me obstruían el paso. Comencé a orar con fervor: "Por favor, Dios, ayúdame a bajar esta montaña". Y repetía el versículo "*Todo lo puedo en Cristo que me fortalece*" (Filipenses 4:13). Y llegaba la fortaleza.

Tengo que esquiar. En diez minutos la montaña estará a oscuras, me decía a mí misma. Apenas podía ver la cuesta que tenía delante. Me volví a caer, quejándome por tener que volverme a levantar, y luego otra vez al intentar esquiar con una pierna. Al repetir esta cadena de eventos, me las arreglé para esquiar el resto del camino sobre una pierna sin caerme, deteniéndome cada siete u ocho metros para descansar unos segundos. Entonces, lenta y cautelosamente fui cojeando hasta el autobús, temerosa del daño, y enojada conmigo misma.

Día 1

Estoy sentada sola en la habitación de un hotel austriaco con mi rodilla hinchada y mi pierna apuntalada mientras termino de escribir este manuscrito. Mis amigos están esquiando en las soleadas cuestas de los Alpes austriacos sin mí. Y dos preguntas importantes cruzan volando por mi mente: *¿Me sanará Dios como sana a otros?* y por extraño que parezca, *¿Quiero ser sanada?*

Contemplo el final de mi "carrera como esquiadora" y ando renqueando por la habitación del hotel. No tengo ni idea del alcance del daño para mi rodilla por la caída del día anterior. Aún no he visto a un doctor, así que estoy sin muletas, bastones o la capacidad de poder apoyarme sobre mi pierna, especialmente cuando giro. Aún tengo espasmos musculares en mi pierna buena por el esfuerzo de la última cuesta.

Empiezo a enviar correos electrónicos a mis amigas para pasar el tiempo. "Probablemente rotura de menisco", me escribió una amiga. "Probablemente un esguince grave", me escribió otra con un diagnóstico más esperanzador. Estoy poniéndome hielo en la rodilla, orando y considerando las repercusiones de ir en contra de mi mejor juicio. Estoy convencida de que debía haber tomado la decisión de emplear el tiempo en tener un compañerismo donde se edifique más la fe y se extienda el reino en lugar de la ruta de esquiar en los Alpes, que había terminado del todo en esa cuesta helada que destroza los cuerpos. Estoy convencida de que estoy, de nuevo, fuera de la voluntad de Dios y en mi propia voluntad.

Mientras repaso este libro y recuerdo tantas historias de fe, y al leer las Escrituras que revelan el compasivo amor de Dios, me pregunto: *¿Sanará Dios mi rodilla, o dejará que experimente las consecuencias de mi propio pecado de salirme de su voluntad? ¿Me sanará a pesar de mi propia necedad?*

Recuerdo leer el libro de Guillermo Maldonado *El Reino de Poder: Cómo Demostrarlo Aquí y Ahora,* donde escribió: "Podemos tener fe para creer y declarar una manifestación desde el ámbito eterno, pero si no estamos bien con Dios en algún área de nuestra vida, nuestra fe puede ser anulada". Me doy cuenta de que mi conciencia me ha estado condenando y bloqueándome para que no reciba sanidad, y me arrepiento sinceramente. Pero me pregunto si sencillamente he dicho algunas palabras para conseguir algo de Dios, como el milagro de la sanidad instantánea.

Entonces oigo la voz del Señor hablando a mi corazón: *¿Por qué no te sanaría? Todos han pecado y están destituidos de mi gloria. Pero tu pecado se pagó en la cruz. Has traído este asunto delante de mí y te has arrepentido, y te sientes apenada. Y todo el que viene a mí, yo no le echo fuera. Has pedido perdón, y mi sangre te cubre. Puedes castigarte al aceptar el dolor y la hinchazón de tu pierna, ir a un doctor para que te haga un diagnóstico, y cojear todo lo que quieras. O puedes aceptar mi sanidad, porque yo soy el que perdona TODOS tus pecados y sana TODAS tus dolencias.* (Véase Salmos 103:3).

Randy Clark dijo: "La sanidad está basada en la gracia". La gracia me cubre. Es algo que no puedo ganarme. Es un regalo de Dios. Su gracia perdona. Su gracia sana. Él nos ama tanto a usted como a mí.

Andrew Murray escribió: "Feliz es quien llega a entender que es la voluntad de Dios sanar, manifestar el poder de Jesús, y revelarnos su amor paternal. También es su voluntad que ejercitemos y confirmemos nuestra fe, para demostrarnos el poder de la redención así en el cuerpo como en el alma". El Padre me ama. ¿Por qué no sanaría mi cuerpo? A fin de cuentas, Él ha salvado, y está salvando, mi alma.

Así que respondo en fe. No hay sentimiento de su presencia, no tengo la carne de gallina porque el don de fe esté actuando en mí. Pero creo su Palabra, aquí y ahora. Oro: "Señor, acepto tu regalo de sanidad. Libera tu presencia sanadora en mí. Por favor, Abba, tú que eres bueno, amable y milagroso, tú que dices que la sanidad es el 'pan de los hijos', tú que estás lleno de compasión, Jehová Rafá, ven. Sáname. Te recibo aquí".

Tomo autoridad sobre mi cuerpo y ordeno que la hinchazón desaparezca, que se restaure el cartílago y que los músculos vuelvan a recuperar su fuerza, liberando el poder sanador de Cristo en mi pierna. Espero en el Señor, dándole gracias y alabándole.

Pongo algo de música y comienzo a adorar, y siento que el dolor desaparece y la hinchazón baja en una hora. Una medida de sanidad ha llegado, ¡y estoy totalmente emocionada!

Día 2

No he estado orando por un milagro o una cura instantánea, sino más bien por una sanidad, algo que por lo general es progresivo. Mi sanidad aún está en progreso, pero es obvio que ahora debería buscar atención médica. Así que dos días después de la "gran caída", una de mis colegas me llevó de regreso a Alemania, donde he estado haciendo algún trabajo de consultoría. Me dirijo cojeando hacia un hospital local. Inicialmente, el doctor de ortopedia me diagnostica una rotura media del ligamento colateral (MCL), me pone una escayola blanda, y me dice que no debería estar de pie durante una semana antes de poder ver si la pierna puede soportar mi peso. Con cuatro a seis semanas de recuperación debería ser suficiente, me asegura, si no se detectan otros daños. Sin embargo, una resonancia revela una rotura completa del ligamento anterior cruzado (ACL), con daño de menisco y esguince de cadera.

Regreso a la habitación de mi hotel, apoyo la pierna en el sofá, y continúo trabajando en la introducción de este libro. Siento que ahora me encuentro ante otro dilema, en el que tengo tres opciones: pedirle al Señor un milagro instantáneo, seguir pidiéndole al Señor que me sane, o usar esta lesión como mi billete a casa, para poder pasar las vacaciones de Navidad en los Estados Unidos en vez de permanecer en Alemania durante otras cinco semanas. Tengo fe para un milagro. Tengo fe en que Dios me sanará, con o sin alguien que ore por mí. Pero ¿realmente quiero que lo haga?

Me imagino las "ventajas" de estar lesionada y algo incapacitada. Puedo hacer que la gente me espere. Me puedo estar delante de la televisión todo el día, comiendo chocolate, si quiero. Nadie esperará mucho de mí. Parece algo bastante bueno, si no tuviera dolor. *No me importaría estar sentada en casa delante de mi chimenea ahora mismo,* pienso, *planeando la Navidad con amigos y familia.* Pero no puedo dejar a un lado una tarea de trabajo solo por tener nostalgia. Sin embargo, puedo contarle a mi supervisora mi situación médica y que me envíen a casa... a menos que Dios milagrosamente sane mi rodilla y "arruine" ese plan.

A un nivel menos superficial, reconozco algunos resultados positivos de estar lesionada. Llena con una nueva compasión por los frágiles y enfermos, comienzo a ver la tercera edad de una forma nueva. La anciana que veo cruzando la calle se mueve de manera tan lenta por una razón, no para irritar a los conductores que esperan a que cruce, sino porque tiene una movilidad limitada y quizá tiene mucho dolor. Siento más ternura hacia mi anciana madre, que ha viajado valientemente a muchas citas médicas y cirugías en años recientes sin apoyo o ayuda de nadie. Era desagradable para mí, a mi edad, tener que ir al hospital, pero debe de ser algo que da miedo para ella a su edad. Así, la recién hallada compasión es un beneficio de mi inmovilidad. Mantendré esa perspectiva renovada mucho después de que me recupere.

Pero mi pregunta sigue siendo esta: ¿Quiero que Dios me sane, o quiero las ventajas de estar sin sanar durante un tiempo (ir a casa por Navidad y pagar mi hipoteca con beneficios médicos y económicos)? Asumido, una rotura de ligamento es una lesión común, y me aseguraron que se curaría por sí solo, con el tiempo. Mi vida no corría peligro, era solo algo incómodo. Pero los principios de sanidad seguían siendo aplicables.

He resuelto mi primera pregunta: *¿Me sanará Dios...?* Sé que Él perdona todos mis pecados y sana todas mis dolencias. Pero aún tengo que decidir si *quiero* ser sanada, una condición que me haría tener que abandonar las "ventajas" de mi aflicción.

Si usted está luchando con una enfermedad o dolencia, quizá también tenga que dar respuesta a algunas preguntas. Quizá necesite prepararse para recibir su sanidad. Dejaré abierto el resultado de mi propia experiencia para que usted pueda explorar personalmente los asuntos de la sanidad presentados en este libro.

¿Cree usted en la sanidad?

¿Está usted convencido de que Jesús le sanará o le dará su toque milagroso? ¿*Quiere* usted ser sanado?

Si le han dado un diagnóstico terminal, la segunda pregunta es incluso más profunda para usted que para los que están tratando enfermedades crónicas o de corta duración. ¿Quiere ser sanado, o quiere ir a casa para estar con el Senor? Recuerdo oír una historia acerca de mi difunta amiga Jill Austin, quién oyó al Senor hablar a su corazón mientras ella se retorcía en dolorosa agonía en la cama de un hospital. Dijo que se vio ante la decisión de partir y estar con el Señor o continuar viviendo en la tierra. Decidió ir con su Padre celestial, y enseguida después de tomar esa decisión consciente, falleció.

Quizá tenga que preguntarse si Dios le está llamando a ir a casa. Si es así, sus oraciones (y las oraciones de otros) deberían dirigirse a Él en consonancia. He oído muchas historias de personas que se dieron cuenta de que era el momento de irse, y murieron bien. Fallecieron de forma rápida y sencilla, durmiendo y despertándose en los brazos del abrazo del cielo.

Sin embargo, si está luchando con asuntos de fe con relación a su sanidad, y si quiere ser sanado, siga leyendo. Los capítulos de este libro los han escrito pioneros del movimiento de sanidad, personas con dones de sanidad y milagros, y buenos maestros. Sus escritos fortalecerán su fe y le prepararán para recibir sanidad. Dios le sanará. Sus promesas son *sí* y *amén*. (Véase 2 Corintios 1:20). La sanidad es para usted, hoy.

Experimente la gracia de Dios

Entre en la gracia de Dios al leer este libro. Si ve que su corazón salta o siente escalofríos en la cabeza cuando lee cierto pasaje de la Escritura, enseñanza o frase, esa sensación es el Espíritu Santo diciendo: "¡Pon atención! Esta es una promesa a la que aferrarte, un punto de acceso con el que puedes entrar, y recibir, la sanidad del cielo". Comience a orar esa promesa. Anímese.

Atrévase a creer.
Dios no se ha olvidado de usted.
Él está más cerca de usted que su propio corazón.
Su amor y compasión están aquí, ahora, para usted.

Que sea bendecido, que su fe se levante hasta alcanzar nuevas alturas, y que usted sea sanado antes de terminar de leer este libro.

APRÓPIESE DE LA ESPERANZA MÁS ALLÁ DE LA RAZÓN

Julia Loren

1

APRÓPIESE DE LA ESPERANZA MÁS ALLÁ DE LA RAZÓN

Julia Loren

"El Señor lo confortará cuando esté enfermo; lo alentará en el lecho del dolor".
—Salmos 41:3 (NVI)

Quienes reciben la sanidad siempre se apropian de una medida de fe cuando un versículo en concreto salta de la página hasta su corazón, o en un momento en que el Espíritu Santo habla directamente a sus corazones en oración, o por la fe de otra persona, alguien que ha recibido una palabra de conocimiento o inspiración del Espíritu Santo. La fe es clave para recibir sanidad. La fe para la sanidad surge cuando usted se apropia o bien de su propia fe o de la fe de otra persona. Los que reciben sanidad casi siempre reciben primero un don de fe, sobre el cual cabalga la corriente del cielo para eliminar el dolor y la enfermedad.

La fe es el recipiente de la "esperanza más allá de la razón", la expectativa de que suceden cosas invisibles. La fe se enciende en una comunidad que da la bienvenida a la presencia del Señor. La fe recibe el poder de Dios, que le ama.

Los siguientes pensamientos sobre la fe y la esperanza son de mi libro When God Says Yes.

Cuando veo milagros extraordinarios en las vidas de personas que me encuentro, oigo un tema común de eventos que contribuyó a su sanidad. Primero, recibieron malas noticias. Después recibieron palabras personales y específicas del Señor que contradecían la sentencia de muerte y les infundieron esperanza. Y a lo largo del largo sufrimiento que probó su fe, otros les ayudaron a apropiarse de una esperanza más allá de la razón.

Las siguientes historias son acerca de dos personas muy distintas que entraron en una esperanza más allá de la razón, sintieron el apoyo de una comunidad de amor, y recibieron una sanidad milagrosa. Una es de un pastor americano que fue sanado de leucemia. La otra es de una mujer africana que vive en Roma, Italia, que fue sanada de una depresión aguda y episodios psicóticos a los que tenía tendencia bajo el peso de la tristeza. Incluyo sus historias porque el cáncer y la depresión se cobran más vidas de las que nos atrevemos a admitir. Los testimonios de sus sanidades hablan a todos los que tienen enfermedades físicas o mentales que parecen incurables. Nada es incurable para Jesús. Él que nos creó puede revertir la enfermedad y recrear la salud, dándonos a todos lo que necesitamos para vivir. Nuestro Creador es el Dios de lo milagroso.

Dave Hess es uno de los hombres más humildes, de voz suave y modestos que jamás he conocido. Pastor de una gran iglesia en Pennsylvania, él y su familia recorrieron un largo camino de enfermedad debilitante y recuperación hace varios años. Lloré todo el tiempo mientras leía su libro *Hope Beyond Reason* [Esperanza más allá de la razón], que relata la historia de su sufrimiento. No lloraba de tristeza. Sí, el libro detallaba gran parte de la pena y el dolor que no podría imaginar tener que soportar, pero era algo más que tristeza. Más bien, lloraba por la belleza que este libro revelaba acerca de la fe, la esperanza y el amor. La fe de Dave, al aferrarse a las promesas de Dios, revelaba un increíble deseo de vivir. Su familia y la comunidad de su iglesia constantemente se aferraban a la esperanza e intercedieron de día y de noche durante varios meses. Sus intercesiones crearon una atmósfera de fe que no solo produjo la sanidad de Dave, sino que liberó un gran ministerio de sanidad en la iglesia.

Lo que me hacía llorar la mayoría de las veces era la belleza de la historia de amor que entretejió a lo largo de su libro. El amor entre esposo y esposa, padre e hijos, pastor e iglesia, Dios y hombre saltaba de las páginas y me inundaba al leer. El breve resumen de su historia que incluyo aquí nos da tan solo un destello de cómo un hombre se aferró a un puñado de promesas y recibió la milagrosa provisión de sanidad.

Inmediatamente después de que Dave Hess recibiera la noticia de que tenía una leucemia avanzada y tenía que entrar en el hospital de inmediato, Dave oyó al Señor darle una promesa que implicaba que no moriría, sino que viviría. Mientras conducía a casa para contarle a su familia el diagnóstico que el doctor le había dado, sintió al Señor hablar palabras de esperanza del capítulo 2 de Oseas. Esta es la historia de Dave:

> *Pero he aquí que yo la atraeré y la llevaré al desierto, y hablaré a su corazón. Y le daré sus viñas desde allí, y el valle de Acor por puerta de esperanza; y allí cantará como en los tiempos de su juventud.* (Oseas 2:14–15)

En este valle de lágrimas, el Señor mismo estaba abriendo una puerta de esperanza para mí.

Al dar la curva de nuestra calle y conducir hacia casa, observé varios automóviles en nuestra entrada. Al abrir la puerta del garaje, me dio la bienvenida una cocina llena de familiares y amigos. Oleadas de amor irrumpieron contra mí mientras entraba por la puerta. Mis suegros estaban ahí, junto con mi cuñada Robin. Nuestra amiga Karna y nuestro pastor de jóvenes Tom también habían acudido al llamado. Al oír un vago reporte de que algo malo podía estar sucediendo, lo dejaron todo para estar con nosotros en oración. Una corriente de llamadas telefónicas ya estaba alertando a otros para orar. En pocas horas, un pequeño ejército estaba dando el grito de guerra.

Miradas perplejas rodeaban la sala. Quería darles a todos ellos algunas respuestas. Pero al contemplar los rostros de Sheri y los niños, les llevé aparte para contárselo primero.

Agachado para mirarles a los ojos, me oí decir: "Papá tiene cáncer. Pero Jesús tiene a Papá".

Juntos nos fundimos en un gran abrazo, mezclado con lágrimas. Sentimos manos en nuestras cabezas y hombros a medida que nuestros seres queridos oraban por nosotros a Aquel que ama. Nos abrazamos, y sentimos el abrazo de Él.

Unos días después, meditando en este momento, escribí estas palabras en mi diario:

> Qué torbellino ha sido todo esto. A la vez, qué maravilloso "ojo" en esta tormenta. Las promesas abundan en este tiempo. Versículos y palabras personales siguen llegándome con el constante y dulce recordatorio del Espíritu Santo. ¡*Hay* una puerta de Esperanza en este valle de dificultades! Estoy

mirando mientras el Señor pelea contra mis enemigos demoniacos (Nahúm 1:2–6). Al mismo tiempo, Él me esta fortificando con su paz, su fe y su presencia (Nahúm 1:7–10). ¡Sigo regocijándome!

Habacuc 3:19 dice en la *Nueva Traducción Viviente*:

¡El Señor Soberano es mi fuerza! Él me da pie firme como al venado, capaz de pisar sobre las alturas.

Esa noche dormí como un niño, seguro en los brazos de mi Padre. Él es mi fuerza. Mi firmeza. Mi ejército invencible. No tendré terror; en vez de eso, seré capaz de pisar espiritualmente sobre mis alturas de dificultad. Estas palabras pasaron por mi mente y salieron de mi boca.

Durante los seis meses siguientes, Dave vivió la mayoría del tiempo en el hospital mientras batallaba contra el cáncer. Dos veces, los doctores dijeron que solo le quedaban horas de vida. Dos veces, Dave se libró de la muerte y regresó a la vida. Durante sus momentos de más debilidad en su fe, Dios envió a otros con la palabra correcta para restaurar su esperanza más allá de toda razón. Dave cuenta uno de esos encuentros:

Un día, una niña de trece años llamada Mary entró en nuestras vidas. Le había insistido a su madre para que le llevara al hospital a vernos, diciendo que tenía algo que decirnos. A Mary le habían diagnosticado cáncer de ovarios a principios de año. Le habían extirpado un gran tumor, pero los doctores no estaban seguros de sus probabilidades de recuperarse del todo. Un día mientras leía su Biblia, Mary se encontró con este versículo en Salmos:

No moriré, sino que viviré, y contaré las obras de JAH.
(Salmos 118:17)

Esto le aportó esperanza en su valle de dificultades. Ahí estaba junto a mi cama, curada del cáncer. El tumor había desaparecido y la vida de Mary había sido restaurada. Vivió, y me estaba contando lo que el Señor había hecho. Mary me entregó una nota escrita a mano con Salmos 118:17 impreso en ella. "Colgué esto junto a mi cama cuando estaba en el hospital", dijo con un brillo en sus ojos. "Me dio esperanza. Quiero que usted también tenga esperanza. No va a morir. ¡Usted también vivirá!".

Luego oró por nosotros. Sus palabras fueron puras expresiones de confianza, expresadas a un Dios que para ella había sido fiable.

Con una confiada sonrisa, Mary me miró y dijo una vez más: "No morirá. Vivirá. Y le contará a todos lo que el Señor ha hecho".

Cuando Mary y su madre salieron de la habitación, Sheri abrió el correo. Incluidas en todas las expresiones de apoyo se encontraban *cinco* tarjetas con Salmos 118:17 escrito en ellas. ¡Las fieles promesas del Señor nos estaban llamando a un lugar más profundo de confianza! "No moriré, sino viviré, y proclamaré lo que ha hecho el Señor".

Juntos, nos reímos. No era la risa de una diversión. Más bien era una risa confiada, que nos fue dada como un regalo del Señor, nacida del alivio que se produce al saber que podemos confiar en Él. Él nos estaba bombardeando con recordatorios de su fuerte presencia para sostenernos. La Biblia frecuentemente dice que el Señor trae confirmación mediante dos o tres testigos. ¡Nosotros habíamos recibido una palabra confirmada por seis testigos! Imagino que fue porque las necesitábamos todas.

Mientras Dave batallaba en el hospital, su iglesia batallaba en la retaguardia. Se ha dicho que nada ocurre a menos que oremos; y que Dios mueve montañas como respuesta a las oraciones de fe. Pero también creo que hay una verdad oculta en las palabras del salmista en Salmos 133:1–3, que donde los hermanos habitan juntos en unidad, ahí fluye libremente el aceite por los rostros de los guerreros de oración, cayendo alegremente hasta el suelo como los arroyos crecidos de la nieve invernal que se derrite, saliendo hasta las calles, y fluyendo por los senderos y hospitales e incluso hasta las naciones más allá de los muros de cualquier edificio de una iglesia. Dave cuenta cómo su congregación entró en una unidad de espíritu que liberó tanto lo profético como el aceite de la unción de la sanidad en medio de ellos:

> De camino a casa esa noche, Sheri observó que las luces estaban encendidas en la iglesia y el estacionamiento estaba lleno de automóviles. No tenía conocimiento de que hubiera planeada ninguna reunión, así que entró, curiosa por ver lo que estaba sucediendo. Al entrar al santuario, se sorprendió al ver a cientos de personas orando.
>
> Al frente de la iglesia estaba nuestra querida amiga Dawn Sweigart dirigiendo la actividad. Dawn había rendido su vida a Jesús hacía tan solo unos años. Había acudido a Él con un corazón abierto que pareció florecer de la noche a la mañana. Ella era líder, persona de influencia, motivadora y una incipiente profetisa. Oyó la voz del Señor y sintió su latido de una forma extremadamente única. Lo expresó de una forma igualmente distintiva. La amamos mucho.
>
> Justo momentos después de enterarse de la noticia de mi enfermedad, ella reunió a cientos de personas de

nuestra iglesia y de nuestra región para orar. Como una joven seguidora de Jesús, Dawn se había apropiado de las promesas de Dios con tenacidad. Si Él dijo que haría milagros, ¡entonces Él haría milagros! Si Él dijo que nosotros haríamos mayores obras que las que Él hizo (Juan 14:12), ¡entonces nosotros haremos mayores obras que las que Él hizo! Su corazón palpitaba con la convicción de que Él hará que sus promesas ¡sean una realidad en nuestros días!

Dawn había organizado oración las veinticuatro horas del día por nosotros. Personas se ofrecieron como voluntarias para orar durante una hora cada semana, cubriendo colectivamente las 168 horas de la semana. Pastores locales y sus congregaciones se unieron, y varias reuniones de oración surgieron de manera espontánea como respuesta a las necesidades del momento y la dirección del Espíritu Santo. Así es como Jesús dijo que sería su iglesia. Más que edificios, organizaciones, políticas o programas, Él edifica su iglesia con personas. Él atrae a los que están siendo rescatados y restaurados, así como a los que están dedicando sus vidas a rescatar y restaurar a otros.

No hay nada más hermoso en el planeta que cuando los seguidores de Jesús actúan como Jesús. Por otro lado, no hay nada más penoso que cuando los creyentes no se parecen a Jesús. A algunos les gusta arrojar piedras a la iglesia en momentos así, viéndola como algo detestable. Desfasada. Anticuada. Pero como bromea la escritora Fawn Parish: "La iglesia es como el arca de Noé. Huele muy mal, pero es lo único que flota". Sigue diciendo: "Cuando criticamos a la iglesia, estamos criticando algo que Jesús adora y por lo que vertió su sangre. Es su preciosa posesión".

Noche tras noche, esos guerreros de oración se reunían. A menudo compartían la comunión, declaraban el poder de la victoria de Jesús sobre el pecado, la enfermedad, la muerte y todas las fuerzas del infierno. Pasaban horas juntos adorando, animándose unos a otros e intercediendo.

Pero no oraban solo por mí. ¡Le estaban pidiendo al Señor que tocase cada vida en nuestra región y más allá!

La fe y el fervor salían a borbotones en los corazones de las personas en toda la congregación. Muchos que no se veían como guerreros de oración se alistaron con valor a esta guerra santa. Fue una lucha sin cuartel por los corazones y las vidas de los que estaban en nuestro territorio. Conscientes de las consecuencias eternas, seguimos orando por cada corazón huérfano para que conociera y recibiera el amor de su Padre ¡a través de su asombroso Hijo, Jesús!

Lo que nos podía haber intimidado nos encendió.

Se estaban abriendo nuevas puertas de esperanza en este valle de tribulación.

Justo cuando parecía que la leucemia estaba remitiendo, los tratamientos médicos provocaron que el cuerpo de Dave reaccionara de tal forma que Dave casi murió, por segunda vez. De nuevo, Dave y Sheri se afirmaron y declararon las promesas de Dios, y de nuevo, Dave regresó de las puertas de la muerte a la puerta de la esperanza. Pero aún tenían que seguir andando por el valle de tribulación.

Un día, el apéndice de Dave se reventó, y debido a su debilitada condición, los doctores decidieron que no era aconsejable operar. Le dijeron a Sheri que Dave moriría con toda seguridad. Sin embargo, Dave había recibido otras promesas, encuentros divinos con oración, y sabía que no moriría. En un punto, el evangelista de sanidad Randy Clark llegó a su hospital e hizo una oración poco frecuente, al orar no solo por la leucemia, sino por la sanidad de su área abdominal. En ese momento, pareció extraño. Pero cuando el apéndice de Dave se reventó, la oración de Randy se convirtió en otra promesa a la que aferrarse.

Los doctores le dijeron a Sheri que nadie vivía más de un par de días terriblemente dolorosos con un apéndice reventado. No podían operarle debido a la débil condición de Dave y decidieron enviarle a casa con cuidados paliativos para que muriera en compañía de su familia. Pero su familia y sus amigos seguían aferrándose a las promesas de sanidad, y Dave sobrevivió:

> Finalmente, tras seis semanas, mis niveles en la sangre se restauraron. Con glóbulos blancos, glóbulos rojos y plaquetas en un equilibrio sano, me reuní con el cirujano para prepararme para la cirugía.
>
> "He analizado sus gráficas", dijo. "Ha tenido un apéndice reventado durante más de seis semanas. Voy a hacer un procedimiento exploratorio porque no estoy seguro de qué es lo que nos encontraremos. El veneno segregado por un apéndice reventado es altamente tóxico. Necesitamos ver qué daños han sufrido sus órganos internos".
>
> Agradecido de estar vivo, me sometí a la cirugía a la mañana siguiente. Mientras daba una cabezada, contando hacia atrás por instrucción del anestesista, recordaba la promesa de Jesús para mí. *Eres escudo alrededor de mí,* le dije mientras entraba en la neblina de la anestesia.
>
> Después, en la sala de recuperación, el cirujano nos saludó a Sheri y a mí. Sus primeras palabras fueron exclamaciones de asombro: "¡Nunca había visto nada parecido!". Sosteniendo cuatro radiografías, dijo: "¡Miren las imágenes!".
>
> Eran imágenes de mis órganos internos. En láminas brillantes de 5x7. Aptas para enmarcar.
>
> "Aquí", dijo, señalando a una de las fotos, "es su apéndice, o lo que queda de él. Sorprendentemente, está

encerrado dentro de una estructura parecida a una tienda ¡que recubre completamente su apéndice! ¿Alguna vez le habían operado esta parte de su cuerpo?", preguntó.

"No que yo recuerde", respondí. "¿Por qué lo pregunta?".

"Porque esta tienda está compuesta de adhesiones. Es el tipo de tejido más fuerte que su cuerpo puede fabricar. ¡Este tipo de tejido solo aparece cuando alguien ha sufrido alguna cirugía! Parece haber estado ahí antes de que su apéndice se rompiera. Todo el veneno se quedó contenido ahí dentro", dijo, mientras hacía un gesto circular en la foto. "Ni una sola gota de veneno se escapó de esta tienda. ¡Todo su sistema interno está tan sano como el de un joven de veinte años!". *¡Vaya piropo!*, pensé.

Perplejo, aliviado, agradecido y asombrado, le pregunté: "¿Cómo se ve esta tienda de adhesiones?".

"Esto es lo más divertido", dijo curiosamente. "Parecía como un grupo de escudos que se hubieran cosido juntos".

Tal como Él prometió, así lo había hecho. El Señor había creado milagrosamente una bolsa milagrosa. Una tienda de escudos. Tomando mi Biblia, volví a abrirla por el pasaje que contiene su oportuna palabra para nosotros. Me sigo maravillando de esto hasta la fecha.

Muchos son los que dicen de mí: No hay para él salvación en Dios. Mas tú, Jehová, eres escudo alrededor de mí.

(Salmos 3:2–3)

Así como Dios escudó a Dave de la muerte, Dios nos cubre a todos con su escudo de salvación. Muchos dicen de quienes tienen enfermedades fatales que Dios no les librará. Incluso a los que luchan con enfermedades mentales crónicas se les considera incurables, tanto para los hombres como para Dios. Sin embargo, apropiarse de las promesas de Dios, aunque la evidencia sea contraria, aumenta la fe. Cuando otros se acercan en amor (en vez de en incredulidad), se producen los milagros. La comunidad se convierte en el recipiente de la fe que nos contiene y escuda de las artimañas del enemigo. La comunidad libera el amor que nos permite continuar aferrándonos a la esperanza más allá de la razón. La familia de Dave unió fuerzas con una comunidad en su iglesia que no vaciló en incredulidad. Y Dave fue completamente sanado. Más de diez años después, Dave sigue estando sano, sin rastro alguno de cáncer.

Aunque Dios puede moverse y se mueve como respuesta a nuestra fe solamente, el poder sanador parece ser liberado con más frecuencia cuando una comunidad de creyentes se pone al lado del que está en necesidad.

La comunidad: el recipiente de esperanza

Observé por primera vez esta amplia respuesta de sanidad de la comunidad mientras hablaba en un retiro de mujeres en Roma, Italia, hace algunos años. Cuando entré en contacto con otra mujer que necesitaba desesperadamente sanidad, me di cuenta de que el milagro que recibió llegó como resultado de que la comunidad le atrajera hacia su círculo de amor e intercediera por ella de día y de noche. Este tipo de amor parece raro en nuestra cultura occidental. Quizá por eso Dios me lo mostró en una comunidad africana mucho antes de que yo fuera capaz de verlo en acción a través de la iglesia en Pennsylvania en la historia de Dave Hess.

Elsie llegó arrastras al retiro, acompañada de otras dos mujeres africanas, con sus ojos visiblemente mitigados por un poderoso antipsicótico. Tenía tendencias suicidas. Todo su mundo se vino abajo cuando su novio le abandonó y las autoridades estatales de protección de menores le quitaron a su hija hasta que pudiera recuperarse. Sus "hermanas" africanas le llevaron a este retiro que se celebraba en una comunidad al lado del océano cerca de Roma, Italia, con la esperanza de que Dios le tocara y sanara.

Solo ellas sabían lo que realmente le había ocurrido a Elsie en su pasado. Yo solo podía imaginar lo que llevaría a una mujer africana a dejar su país, familia y amigos por una tierra extraña para ganar dinero suficiente para enviar a casa y sostener, quizá, a todo el poblado. Pobreza, abuso sexual, guerra y la amenaza del SIDA probablemente contribuyó todo ello a su llegada a Italia, donde trabajaba como empleada doméstica en una tierra que tenía prejuicios contra ella. El estrés de mudarse a otro país es suficiente para desestabilizar a cualquiera. Añadamos unos cuantos traumas producidos tanto antes como después del viaje, y esa presión desafiaría la capacidad de manejarlo incluso de la persona más fuerte. No es de extrañar que la capacidad de Elsie para lidiar con ello se hubiera roto en mil pedazos.

Después de su colapso, los doctores en una sala de un hospital mental le dijeron que estaba sufriendo una gran depresión con rasgos psicóticos. La estabilizaron con fuertes dosis de medicamentos, y varias semanas después, dijeron que podía regresar a casa. Cuando Elsie salió del hospital, sus amigas africanas, sus hermanas, la recibieron, cuidaron de ella, oraron por ella y la llevaron cerca de las brasas del amor de Dios.

Tras varios meses de vigilar y orar por ella noche y día, la llevaron con ellas a este retiro en los suburbios de Roma, junto al mar, donde los pastores de una gran iglesia de Asambleas de Dios en Roma me habían invitado a hablar... Fue allí en Italia donde conocí a Elsie y me asombré de Dios, viendo su presencia moverse poderosamente, sanándola a ella y a muchas otras mujeres de depresión y ansiedad durante el retiro y en las semanas siguientes. Fue allí donde entendí el componente demoniaco de la depresión y la desesperación y vi a Dios romper el "espíritu de desesperación" en las vidas de muchos, liberándoles para danzar en la plenitud de gozo.

Elsie fue una de las primeras en ser sanada. Estuvo de pie pidiendo oración, y mientras yo recorría la fila, ella miraba fijamente hacia adelante como si no fuera para nada consciente de lo que estaba ocurriendo. O bien eso, o estaba tremendamente asustada. Ni siquiera sabía si hablaba inglés, pero observé que nadie le traducía ni a ningún idioma africano ni al italiano. Me detuve delante de ella, alcé mi mano hasta su frente, y antes de poder decir ni una palabra, se desplomó en el piso. Durante la sesión de la noche y la de la mañana, estuvo de pie para recibir oración e inmediatamente experimentó un encuentro más profundo con la presencia de Dios. Cada vez que me acercaba, me preguntaba qué habría sentido, preguntándome si tal vez tan solo se cayó debido a una expectativa precondicionada. No sentí nada. El cambio horario disminuye la sensación de la presencia de Dios, y yo acababa de hablar y de orar, confiada en que las mujeres estarían recibiendo algo del poder y la presencia de Dios y palabras proféticas. Lo que yo sintiera no tenía trascendencia alguna. ¡Lo importante era lo que ellas sintieran!

La sesión de la tarde estaba dedicada en un principio a testimonios de lo que Dios estaba haciendo en las vidas de las personas hasta ese punto. Dos mujeres compartieron libremente. Después Elsie se acercó de manera abrupta hasta mí. Muchas en la audiencia se pusieron rígidas, temerosas de que interrumpiera la reunión con alguna loca palabrería. Al entregarle el micrófono, testificó con un inglés bastante claro de la historia de su caída en el pecado, el trauma de perder a su bebé ante el estado, su salvación, y su sentimiento de la presencia de Dios sanándola ese fin de semana. Sus hermanas africanas escuchaban sentadas, enjugándose las lágrimas de sus ojos. Porque sin duda alguna, Elsie había experimentado un cambio: sus ojos estaban más claros, y su habla, aunque afectada por la medicación, mostraba claridad de pensamiento y un fluido lógico de contenido mientras contaba su historia.

Su caída en la depresión tuvo su origen en la soledad que le llevó a una relación con un hombre que la usaba sexualmente, sin sentir ni amor ni compromiso alguno. Como resultado, se quedó embarazada. Y cuando dio a luz, las autoridades se llevaron a su bebé. Es parecido a lo que David y Betsabé experimentaron en 2 Samuel 11–12. Los problemas del sexo ilícito, problemas de relaciones sin resolver y aventuras amorosas faltas de arrepentimiento siempre abren el alma al espíritu de desesperación. Sin embargo, Dios vino para destruir las obras del enemigo y redimir la vida de Elsie del pozo, a pesar de que ella tuviera que pasar por las consecuencias de sus decisiones.

Yo estaba de pie junto a Elsie y observé a muchas europeas revolverse en sus asientos mientras ella hablaba. Cuando terminó, simplemente oré: "Padre, oímos su historia como una confesión de cómo ha pecado y cómo tú la estás redimiendo. Ahora nosotras como representantes de la iglesia la perdonamos, y tú la perdonas. Libera en ella la sanidad completa que le tienes preparada. Destruye la obra del maligno que quiere robarle la plenitud de vida, gozo y paz".

Con eso, sus ojos se le rodaron hacia atrás en su cabeza hasta que lo único que pude ver era el blanco de sus ojos. Unos susurros en los asientos atrajeron mi atención, y les hice una seña a un par de hermanas suyas para que se acercaran. Ellas la llevaron a un rincón de la sala y calladamente le liberaron del espíritu inmundo que se había aferrado a ella durante esa fase traumática de dolor y pérdida.

La siguiente noche del miércoles, hablé en una gran reunión en Roma y vi a Elsie esperando en la puerta.

"¡Elsie! ¿Qué ha ocurrido? ¡Pareces muy llena de gozo!".

"Oh, Julia", respondió, "me puse muy enferma cuando salí del retiro y tuve que ir al hospital. El médico me dijo que tenían que retirarme toda la medicación rápidamente. Estoy sana".

Sin duda, lo estaba.

Un año después, las autoridades italianas rehusaron darle la custodia de su hija. Entró en una depresión por un tiempo. Sin embargo, ha pasado el año creciendo en su relación con Dios y viviendo en comunidad con gente que le amaba y cuidaba de ella, poniendo los mantos de salvación alrededor de sus hombros diariamente. Su depresión se fue rápidamente al ser consciente de que "*la esperanza que se demora es tormento del corazón*" (Proverbios 13:12), y buscó la sanidad de Jesús. Pasó por este periodo sin medicamentos, y tampoco necesitó ser hospitalizada. Hoy está bien, lidiando con ello sin caer en depresión... a pesar de sus difíciles circunstancias.

Dave Hess, Elsie, y muchos otros han recibido sanidad en compañía de otros. Es la naturaleza de Dios capacitar al cuerpo para "edificarse en amor". Cuando las personas se reúnen, Dios está presente en medio de ellos. El enemigo sabe esto, y por eso se mueve como un león localizando a su presa para apartarla del resto de la manada para poder acercarse y matarla.

Cada persona en estas historias escuchó la promesa del Señor específica para su necesidad y la declaró sobre sí mismo, u otros la declararon para ellos en intercesión. La fe se removió en la vida de alguien, y Dios se apresuró a obrar por ella, porque Dios se ve atraído más a la fe que a la incredulidad.

Dios sanará todas sus dolencias

Jesús no quiere que el maligno tenga éxito en destruirle. Quiere destruir el poder del enemigo sobre usted que se manifiesta en su vida como depresión y ansiedad. Su amor por usted le lleva a que entienda que puede correr a Jesús en vez de esconderse en la soledad. Su amor por usted está incluso ahora rompiendo el espíritu de desesperación que tantas veces acompaña a las enfermedades prolongadas.

> *Alaba, alma mía, al Señor, y no olvides ninguno de sus beneficios. Él perdona todos tus pecados y sana todas tus dolencias;*

él rescata tu vida del sepulcro y te cubre de amor y compasión;
él colma de bienes tu vida y te rejuvenece como a las águilas.
(Salmos 103:2–5, NVI)

Según este pasaje, Él sanará todas sus dolencias, redimirá su vida del pozo de la depresión y la ansiedad, liberará un abrumador sentimiento de su amor y bondad hacia usted, y aumentará su entendimiento de su compasión. Es parte del paquete llamado salvación.

La Palabra de Dios, la Biblia, está llena de promesas que hablan de entrar en la plenitud de la salvación. Cada vez que lo leo, Dios parece hacer que las palabras cobren vida. Dios me habla personalmente, mediante su Palabra y mediante la Palabra revelada a mi espíritu. Cuando esté caminando por el valle de dificultades, leer la Palabra revelará la puerta de esperanza. También romperá cualquier pensamiento de autoderrota que intente obstaculizar su sanidad y robarle su gozo.

Para que no piense que los milagros de sanidad son solo para personas especiales, permítame asegurarle que usted también es especial. Hecho a la imagen de Dios, usted es un hijo de Dios. Su deleite está en usted. Él no desea que nadie sufra o esté enfermo. Si duda de eso, escuche lo que Dave Hess tiene que decir acerca de las lecciones que aprendió en medio de su enfermedad.

> En algún momento, nos han dicho una mentira. Nos dijeron que Dios nos envía la enfermedad para enseñarnos una lección. Al mismo tiempo, nos dijeron que Él ya no hace milagros, que de algún modo Él "alteró su sistema" cuando Jesús caminó por la tierra. De hecho, esta mentira llegó al punto de decir que si alguien afirma haber experimentado un milagro, Satanás probablemente tuvo algo que ver con ello.

> Yo medité en esto durante un momento.
>
> ¿Dios nos da enfermedades? ¿Y Satanás hace milagros?
>
> ¡Qué estafa más astuta!
>
> Este milagro que estábamos experimentando no era una rara ocurrencia. De hecho, lo que nosotros llamamos milagros, Él lo llama lo normal. Cuando Jesús dijo que señales y maravillas seguirían a los que creyeran en Él, no usó la palabra *ocasionalmente*. Y yo no estaba recibiendo un trato especial simplemente porque era pastor. Él promete dar buenas cosas a todos sus hijos. Él no muestra parcialidad. Él no es un astuto feriante que deja que de vez en cuando alguien gane para mantener al resto de los clientes pegados a su puesto. Aunque hemos intentado cambiar a Dios, Él no ha cambiado. Él es aún el Dios de milagros. Él es aún Aquel con quien nada es imposible. ¡Nada es demasiado difícil para Él! Podemos confiar en Él. Podemos poner en Él nuestra esperanza. No porque somos ingenuos, ¡sino porque Él es verosímil!

Dave y Elsie recibieron promesas específicas del Señor para sanidad. Las promesas a las que se aferraron están ahí también para usted.

Viaje a la Palabra y al Espíritu

1. ¿Qué versículo de este capítulo resaltó del resto? Escríbalo como un recordatorio de la promesa que Dios le ha dado específicamente.

2. ¿Hay alguna persona en su vida que esté a su lado en oración? O, ¿conoce a alguna persona que pueda estar con

usted en oración si se lo pidiera? ¿Por qué no le pide que lo haga?

3. ¿Ha habido algún momento concreto en su viaje hacia la salud y la sanidad en el que Dios haya intervenido y le haya dado esperanza? ¿Qué ocurrió? Sea específico.

Capítulo extraído del libro de Julia Loren *When God Says Yes: His Promise and Provision When You Need It Most* (Grand Rapids, MI: Chosen Books, una división de Baker Publishing Group, 2010), 80–94. Usado con permiso. La parte en cursiva al comienzo la añadió el escritor para esta publicación.

Acerca de la autora

Julia Loren es una escritora prolífica que ha escrito más de una decena de libros, así como muchos poemas e historias cortas. Obtuvo una licenciatura en artes en periodismo de la Universidad de Washington y una maestría en consejería y psicología de la Universidad de Seattle Pacific. Desde sus primeros días como profesional del periodismo, ha canalizado sus habilidades para ayudar a la gente a darse cuenta de sus dones y a caminar en el destino que Dios le ha dado.

Julia es una demandada oradora en eventos de comunidades e iglesias, y dirige talleres de escritura a lo largo del año. Reside en el norte de Seattle, Washington, y viaja frecuentemente a las soleadas costas de California.

Para más información acerca de Julia Loren, visite www.bluemothmedia.com y www.amazon.com/author/julialoren.

EL PROPÓSITO DEL TESTIMONIO

Bill Johnson

2

EL PROPÓSITO DEL TESTIMONIO

Bill Johnson

"Por heredad he tomado tus testimonios para siempre, porque son el gozo de mi corazón".
—Salmos 119:111

Cuando oímos testimonios de lo que Dios ha hecho, no son solo historias para aplaudir; son profecías para recibir. Apocalipsis 19:10 dice: *"Porque el testimonio de Jesús es el espíritu de la profecía"*. Detrás de cada testimonio de victoria, sanidad, salvación y restauración hay un poder y gracia contenidos en esa declaración profética para que Dios lo vuelva a hacer en su vida, familia y ciudad. El testimonio es la narración hablada o escrita de las obras de Dios que revelan su naturaleza y demuestran su pacto con el hombre. Dios está usando el relato de sus obras sobrenaturales para edificar un punto de referencia sobre el cual su reino está avanzando. Cuando oímos de historias del cielo irrumpiendo en la tierra, cada una es un recordatorio del pacto de Dios con nosotros. Profetiza la naturaleza de Dios revelando su intención, no solo para un individuo o un evento puntual, sino para crear un efecto de ondas donde el poder y la gracia se liberan en el cuerpo de Cristo para recibir el avance profetizado cada vez que se declara el testimonio. Dios está buscando un acuerdo en la tierra, declaraciones que inviten su invasión.

El poder de declarar en voz alta el testimonio de las obras de Dios crea una atmósfera de fe que extiende el mundo que usted influencia. Moldea su vida de oración, cómo ve usted a Dios y lo que declara, para que vea las imposibilidades desde la perspectiva victoriosa del cielo. Cuando usted lea estas historias, se encontrará con el Jesús que sana, que llama a las personas a entrar en su destino, y que demuestra su amor y su poder a través del encuentro.

Cada historia invita al lector a un estilo de vida de encontrar al mismo Dios... al convertirnos en cumplidores de nuestro propio testimonio, hacemos que nuestra experiencia esté disponible para otros. [Los testimonio de sanidad] son su herencia para recibir como promesas proféticas para que Dios lo haga de nuevo en su propia vida, con su familia, con sus amigos, en su ciudad.

Apocalipsis 12:11 dice que ellos le vencieron [a Satanás] por la sangre del cordero y el poder del testimonio. La sangre del Cordero es lo que produjo la victoria. La palabra del testimonio libera el poder. El poder se libera cuando usted lo declara. La persona con la experiencia nunca está a merced de la persona con el argumento.

Viaje a la Palabra y al Espíritu

1. ¿Ha oído o leído alguna vez un testimonio de sanidad de una enfermedad similar a la de usted? Escríbalo como una promesa profética que Dios le está dando a usted específicamente.
2. Escriba una declaración de que el Señor le sanará y luego declárelo en voz alta.
3. Recuerde y escriba un testimonio del Señor ministrando en su vida y tocándole con su presencia divina. Es un recordatorio que aumenta la fe.

Capítulo extraído de Julia Loren, *Divine Intervention: True Stories of Heaven Invading Earth* (Reading, CA: Tharseo Publishing, 2008), prefacio.

Acerca del autor

Bill Johnson es el pastor principal de la iglesia Bethel Church en Redding, California (www.ibethel.org), y autor de varios libros clásicos sobre la fe y la sanidad, tales como *When Heaven Invades Earth*, *The Supernatural Power of the Transformed Mind*, y *Hosting the Presence*.

LA COMPASIÓN DE CRISTO SANA A TODOS

F. F. Bosworth

3

LA COMPASIÓN DE CRISTO SANA A TODOS

F. F. Bosworth

Ahora, como Dios nos sana enviando su Palabra (véase Salmos 107:20), ¿qué puede ser más su Palabra que sus nombres redentores y de pacto, que fueron dados, los siete, con el propósito concreto de revelar a cada hombre de la raza adámica su actitud redentora hacia ellos?

Cuando Cristo nos manda *"predicad el evangelio a toda criatura"* (Marcos 16:15), pretende que hablemos de las buenas nuevas de la redención. Sus siete nombres redentores revelan lo que incluye nuestra redención. Él tiene muchos otros nombres, pero solo siete nombres *redentores,* y estos siete nombres nunca se usan en las Escrituras salvo en sus tratos con el hombre. No hay seis nombres, ni ocho, sino siete, el número perfecto, porque Él es un Salvador perfecto, y su redención cubre todo el ámbito de las necesidades humanas. Las bendiciones reveladas por cada uno de estos nombres están todas en la Expiación. Por ejemplo, Jehová-sama, significa *"Jehová está allí"* (Ezequiel 48:35), o presente, *"cercanos por la sangre de Cristo"* (Efesios 2:13).

Jehová-shalom se traduce como "El Señor nuestra paz". Esto está en la expiación porque *"el castigo de nuestra paz fue sobre él"* (Isaías 53:5).

Jehová-ra'ah se traduce como *"Jehová es mi pastor"* (Salmos 23:1). Él se convirtió en nuestro Pastor dando su vida por las ovejas. (Véase Juan 10:11, 15). Así, como ve, este privilegio está en la expiación.

Jehová-jiré significa "El Señor proveerá" una ofrenda (véase Génesis 22:8). Cristo mismo es la ofrenda provista en el Calvario.

Él se convirtió en Jehová-nissi, "Jehová nuestra bandera", o "Victoria", *"despojando a los principados y potestades"* en la cruz (Colosenses 2:15).

Él llevó nuestros pecados y se convirtió en Jehová-tsidnekú, *"Jehová nuestra justicia"* (Jeremías 23:6), abriendo el camino para que cada pecador reciba el don de la justicia.

Jehová-rafa se traduce *"Jehová tu sanador"* (Éxodo 15:26), o "Yo soy el Señor tu médico". Esto también está en la expiación, porque *"Él mismo tomó nuestras enfermedades, y llevó nuestras dolencias"* (Mateo 8:17).

Este completa la lista de los siete nombres redentores, los cuales fueron dados con el propósito de revelar la relación de Dios hacia nosotros bajo cada uno de estos siete títulos. Estos siete nombres le pertenecen todos a Cristo, y es bajo cada uno de estos siete títulos que Él es el mismo ayer, hoy y por los siglos. (Véase Hebreos 13:8). Jesús dice a todos los que acuden a Él para cualquiera de estas siete bendiciones: *"Al que a mí viene, no le echo fuera"* (Juan 6:37).

Estas son las buenas nuevas que Dios quiere predicar a toda criatura, para que toda criatura pueda tener el privilegio de disfrutar de la *"abundancia de la bendición del evangelio de Cristo"* (Romanos 15:29).

Digo de nuevo que nada es más la Palabra de Dios que *"permanece... en los cielos"* (Salmos 119:89) que su nombre redentor Jehová-rafa. Nadie tiene derecho a cambiar el nombre de Dios de "Yo *soy* Jehová-rafa" a "Yo *era* Jehová-rafa" porque *"la palabra del Señor permanece para siempre"* (1 Pedro 1:25).

Como Jehová-shalom, "Jehová nuestra paz", es uno de los nombres redentores de Cristo, ¿acaso no tiene todo hombre el derecho redentor de obtener paz de Él? ¿No tiene todo hombre, de igual modo, el derecho redentor de obtener la victoria de Jehová-nissi? ¿No tiene todo hombre el derecho redentor de obtener *"el don de la justicia"* (Romanos 5:17) de Jehová-tsidkenu, y así con todos? Si es así, ¿por qué no tiene todo hombre el derecho redentor de obtener sanidad de Jehová-rafa?

Este nombre, Jehová-rafa, era tan aceptado y creído por aquellos a quienes se les envió por primera vez que *"no hubo en sus tribus enfermos"* (Salmos 105:37); y siempre que este estado de salud sufría la interferencia de sus transgresiones, en cuanto se arrepentían se hacían las típicas expiaciones, y Dios seguía siendo Jehová-rafa, el Sanador, no para algunos, sino para todos. Dios quiere que este nombre redentor, así como los demás, se envíe *"a toda criatura"* (Marcos 16:15), con la promesa de que *"sanarán"* (Marcos 16:18), porque *"el Señor lo levantará"* (Santiago 5:15).

Jesús sanó todo y a todos

*Y recorrió Jesús toda Galilea, enseñando...y predicando el evangelio... y sanando **toda** enfermedad y **toda** dolencia en el pueblo. Y se difundió su fama por toda Siria; y le trajeron todos* *los que tenían dolencias, los afligidos por diversas enfermedades y tormentos, los endemoniados, lunáticos y paralíticos; y los sanó. Y le siguió mucha gente de Galilea, de Decápolis, de Jerusalén, de Judea y del otro lado del Jordán.*

(Mateo 4:23–25)

Recorría Jesús todas las ciudades y aldeas, enseñando... y predicando el evangelio... y sanando toda enfermedad y toda dolencia en el pueblo. Y al ver las multitudes, tuvo compasión de ellas... Entonces llamando a sus doce discípulos, les dio autoridad sobre los espíritus inmundos, para que los echasen fuera, y para sanar toda enfermedad y toda dolencia.

(Mateo 9:35–36; 10:1)

Observe que fueron las multitudes viniendo para ser sanadas lo que necesitó el empujón de nuevos obreros en su cosecha para predicar y sanar. No pasó mucho hasta que se necesitaron setenta personas más, y fueron enviadas a sanar y predicar. Veamos varios versículos más que muestran que Jesús sanaba a todos los que acudían a Él por sanidad:

Sabiendo esto Jesús, se apartó de allí; y le siguió mucha gente, y sanaba a todos. (Mateo 12:15)

Y saliendo Jesús, vio una gran multitud, y tuvo compasión de ellos, y sanó a los que de ellos estaban enfermos.

(Mateo 14:14)

Y terminada la travesía, vinieron a tierra de Genesaret [Jesús y sus discípulos]. *Cuando le conocieron los hombres de aquel lugar, enviaron noticia por toda aquella tierra alrededor, y*

> *trajeron a él todos los enfermos; y le rogaban que les dejase tocar solamente el borde de su manto; y todos los que lo tocaron, quedaron sanos.* (Mateo 14:34–36)

> *Y descendió con ellos, y se detuvo en un lugar llano, en compañía de sus discípulos y de una gran multitud de gente de toda Judea, de Jerusalén y de la costa de Tiro y de Sidón, que había venido para oírle, y para ser sanados de sus enfermedades; y los que habían sido atormentados de espíritus inmundos eran sanados. Y toda la gente procuraba tocarle, porque poder salía de él y sanaba a todos.* (Lucas 6:17–19)

Vemos a lo largo de los Evangelios que, al llevar a los enfermos a Cristo para sanidad, se dice repetidamente que se llevaban a *todos* los enfermos, lo cual incluía a todos los "desafortunados" a quienes supuestamente no era la voluntad de Dios sanar, si es que había alguno. Si, según la tradición moderna, es la voluntad de Dios para los enfermos que se queden así pacientemente para su gloria, ¿no es extraño que no hubiera ni tan siquiera una persona de este tipo en todas estas multitudes que eran llevadas a Cristo para sanidad? Al sanar al epiléptico (véase Marcos 9:14–29), Jesús demostró que la voluntad del Padre era sanar incluso a aquel a quien los discípulos, divinamente enviados para echar fuera demonios, no pudieron liberar. Vemos mediante este pasaje que no hubiera estado bien cuestionar la disposición de Dios a sanar, y a enseñar, por este fallo por parte de los discípulos. Jesús, al sanarle, les demostró que el fallo en sanar lo único que revelaba era incredulidad. Pedro, después de tres años de constante asociación con el Señor, describió su ministerio terrenal en esta breve frase: *"Cómo Dios ungió con el Espíritu Santo y con poder a Jesús de Nazaret, y cómo éste anduvo haciendo bienes y sanando a todos los oprimidos por el diablo, porque Dios estaba con él"* (Hechos 10:38).

Así, en todos los versículos de arriba, y en muchos ostros que demuestran que Él sanó a todos los enfermos, tenemos la voluntad de Dios revelada para nuestros cuerpos, y la respuesta a la pregunta: ¿Es la sanidad para todos?

La continuidad del ministerio de sanidad de Cristo

A muchas personas en nuestro tiempo se les ha enseñado que Cristo hizo milagros de sanidad solo para demostrar su poder y demostrar su deidad. Puede que eso sea cierto, pero está lejos de ser toda la verdad. No hubiera sido necesario que Él sanara a *todos* para demostrar su poder; unos cuantos casos destacados hubieran sido suficientes para demostrarlo. Pero las Escrituras demuestran que Él sanaba por su compasión y para cumplir la profecía. Otros enseñan que Él sanaba a los enfermos para darse a conocer, pero en Mateo 12:15–16, leemos: "*Y le siguió mucha gente, y sanaba a todos, y les encargaba rigurosamente que* ***no le descubriesen***".

Algunos que tienen que admitir que Jesús sanó a todo aquel que acudió a Él sostienen que la profecía de Isaías con relación a que Él llevó nuestras enfermedades se refiere solo a su ministerio terrenal, que esta manifestación universal de su compasión fue especial y no una revelación de la inmutable voluntad de Dios. Pero la Biblia enseña claramente que Él solo "*comenzó a hacer y a enseñar*" (Hechos 1:1) lo que no solo había que continuar, sino aumentar, tras su ascensión.

Después de que Cristo, durante tres años, hubiera sanado a todos los que acudieron a Él, dijo: "*Os conviene que yo me vaya*" (Juan 16:7). ¿Cómo es posible que esto fuera cierto si el hecho de irse fuera a modificar su ministerio a los afligidos?

Anticipando la incredulidad con la que se vería esta maravillosa promesa, Él dijo que su promesa seguía en vigor y que *"aún mayores"* obras se producirían como respuesta a nuestras oraciones después de su exaltación, con las palabras *"de cierto, de cierto"*:

> *De cierto, de cierto os digo: El que en mí cree, las obras que yo hago, él las hará también; y aun mayores hará, porque yo voy al Padre. Y todo lo que pidiereis al Padre en mi nombre, lo haré, para que el Padre sea glorificado en el Hijo.*
>
> (Juan 14:12–13)

En otras palabras, debemos hacerlas pidiéndole a *Él* que las haga.

No dijo "menores obras", sino *"las obras que yo hago"* y *"aun mayores"*.

Para mí, esta promesa de labios de Cristo es una respuesta completa para todos los que se oponen y para todos sus libros y artículos en contra de la sanidad divina.

"Escrito está" fue la política de Cristo cuando resistió al diablo. (Véase, por ejemplo, Mateo 4:4).

William Jennings Bryan preguntó bien: "Como Cristo dijo 'Escrito está', y el diablo dijo 'Escrito está', ¿por qué no puede decir el predicador 'Escrito está'?".

La sabiduría de la iglesia primitiva

La iglesia primitiva creyó a pie juntillas a Cristo y oraron en unidad pidiendo señales y prodigios de sanidad, hasta que *"el lugar en que estaban congregados tembló"* (Hechos 4:31); y después

> *tanto que sacaban los enfermos a las calles, y los ponían en camas y lechos... Y aun de las ciudades vecinas muchos*

venían a Jerusalén, trayendo enfermos y atormentados de espíritus inmundos; y todos eran sanados.

(Hechos 5:15–16)

Los Evangelios describen lo *"que Jesús **comenzó** a hacer y a enseñar"* (Hechos 1:1). En este incidente del libro de Hechos, Jesús estaba continuando su ministerio desde la diestra de Dios mediante su *"cuerpo que la iglesia"* (Colosenses 1:18), según su promesa. Algunos dicen: "Bueno, eso fue solo al comienzo del libro de los Hechos de los Apóstoles, con el fin de confirmar su palabra respecto a la resurrección de Cristo".

Vayamos entonces al *último* capítulo de Hechos, y leamos cómo, treinta años después, cuando Pablo, en la isla de Malta, había sanado al padre de Publio, *"también los otros que en la isla tenían enfermedades, venían, y eran sanados"* (Hechos 28:9).

Así que volvemos a ver, incluso en este tiempo, en el último capítulo de los Hechos del Espíritu Santo, que es el único libro sin terminar del Nuevo Testamento, que seguía siendo la voluntad de Dios sanar no a algunos, sino a todos.

Viaje a la Palabra y al Espíritu

1. ¿Cuáles son sus pensamientos acerca del deseo y la capacidad de Jesús de sanarle?

2. ¿Qué le impide atreverse a creer que Jesús está lleno de compasión y amor hacia usted incluso ahora?

3. ¿Alguna vez ha visto u oído de alguien que fuera sanado por el poder de Jesús? Describa lo que ocurrió.

Capítulo compilado del libro de F. F. Bosworth *Christ the Healer* (New Kensington, PA: Whitaker House, 2000), 53–56, 59–61, 102–104.

Acerca del autor

F. F. Bosworth (1877–1958) tuvo una gran influencia sobre muchos de los primeros evangelistas de sanidad, incluidos Oral Roberts, T. L. Osborn, John G. Lake y muchos otros. Trabajó con el reconocido sanador John Alexander Dowie durante varios años antes de comenzar su propio ministerio de sanidad. Publicado por primera vez en 1924, el libro de Bosworth *Christ the Healer* es una obra tremenda sobre los principios de sanidad mediante la obra consumada de Cristo en la cruz del Calvario.

AFERRARSE A DIOS

Mark Stibbe

4

AFERRARSE A DIOS

Mark Stibbe

"Aferrarse a Dios no es el acto de un hombre muerto, ni es la obra de alguien que está destituido de percepción espiritual; es el acto de alguien que está avivado por el poder del Espíritu Santo que mora en él".
—Charles Spurgeon

Me di cuenta porque me encanta el fútbol y siempre estoy buscando testimonios de sanidad.

Estaba en todos los periódicos británicos seculares a finales de la temporada de 2005. La historia giraba en torno a un jugador de fútbol llamado Marvin Andrews que jugaba en los Glasgow Rangers, uno de los mejores equipos escoceses de las últimas décadas. La noticia en los periódicos tenía el titular: "El milagro de la rodilla de Marvin Andrews". Eso captó mi atención.

Marvin Andrews marcó el gol de la victoria el último día de la temporada para asegurar no solo la victoria ese día sino el título de liga. Al final del partido se arrodilló en el círculo central del terreno de juego para orar y dar gracias al Señor. En su camiseta, la multitud podía leer unas palabras del evangelio de Lucas: "Lo que es imposible para los hombres es posible para Dios".

¿Por qué tuvo Marvin un gesto así? En un partido contra Dundee un mes antes, Andrews se rompió su ligamento anterior cruzado, un ligamento de 35mm en la rodilla entre el fémur y la tibia que proporciona estabilidad y equilibrio. Es una lesión que puede poner fin a la carrera de un jugador. El equipo médico de los Rangers le dijo a Marvin que necesitaría cirugía seguida de meses de rehabilitación. Pero él rehusó someterse a la operación y en su lugar decidió acudir a Dios en oración. "Oré a Dios", dijo, "y Él habló. Dios no está sordo. Él habla. Algunas personas no pueden creerlo; piensan que no responde. Pero mi Dios no es así. Cuando yo le hablo Él responde. Dios me dijo que no me operase".

No hace falta decir que quienes aconsejaban a Marvin se quedaron en estado de shock. El equipo médico le dijo que tenía que operarse, o de lo contrario se habría terminado su carrera. Marvin comenta: "Me asaltaron las dudas, el temor, el diablo intentó atemorizarme, como dice la Biblia. Hubo todo tipo de gente diciéndome cosas negativas, infundiéndome temor, pero yo seguí aferrándome a Dios. En eso consiste la fe. Dios seguía diciéndome: 'Sigue creyendo, sigue confiando'. Y eso me daba fuerzas".

Contra todo pronóstico, en tres semanas Marvin Andrews estaba jugando de nuevo al fútbol. Jugó los últimos cuatro partidos de la temporada y ayudó a los Rangers a ganar el título. Su mánager Alex McLeish dijo: "Marvin está desafiando la lógica". Marvin mismo dijo eso, y esto salió en los periódicos nacionales de Gran Bretaña:

Soy un siervo del Señor. Estoy aquí para decirle a la gente que Él aún está vivo, que seguimos teniendo el mismo Dios que abrió los ojos de los ciegos y permitió que los paralíticos anduviesen. Estoy aquí para seguir proclamando el evangelio, para hablar a las personas acerca de las buenas nuevas.

La importancia de la fe

Hay muchos episodios en los Evangelios donde Jesús toma la iniciativa y toca las vidas de los enfermos, produciendo sanidades milagrosas… Vimos ejemplos de esta iniciativa real hoy, maneras en que Dios ha extendido su mano y ha sanado a enfermos de las formas más extraordinarias. A veces esto ocurre inmediatamente, sin intermediación humana; a veces sucede de forma mediada, con un creyente administrando el toque que lo cambia todo.

Todo este énfasis en el toque soberano de Dios son buenas noticias. Al mismo tiempo se pueden convertir en malas noticias si no tenemos cuidado. Puede darnos una causa para ser pasivos. En otras palabras, las personas que hacen un énfasis excesivo en la doctrina de la soberanía de Dios pueden entrar muy fácilmente en una resignación que se asemeja al determinismo. "Bueno, Dios es soberano. Si me va a sanar, lo hará sin que yo tenga que ayudarle en nada". Esto se parece mucho a la mentalidad de "lo que tenga que ser, será".

Ahora bien, por supuesto tenemos que ser sabios aquí. Dios sin duda es soberano y… es perfectamente capaz de actuar independientemente de nosotros. Todo esto tiene un amplio precedente bíblico en estas historias donde Jesús toca a los que no están activamente involucrados en su sanidad. El mejor ejemplo es… la resurrección del hijo de la viuda en Naín. El niño estaba muerto y por supuesto no tuvo parte alguna en su milagro. Fue pasivo al cien por ciento en el proceso.

Al mismo tiempo, no debemos detenernos ahí. En los Evangelios no solo hay historias en las que Jesús toca a los necesitados. Hay también episodios donde los enfermos tienen una parte activa y casi una parte agresiva para tocar a Jesús. En estas ocasiones, las personas que están totalmente desesperadas persiguen a la persona de Jesús con un sentimiento profundo y desbocado de abandono. En estas situaciones parece casi como si su fe hubiera sido lo que aseguró su sanidad. En estas ocasiones, aferrarse a Jesús parece ser el factor crítico para determinar el resultado que deseaban. Corrieron mucho tras el Rey para alcanzarle y tocarle, y el hecho de hacerlo, hizo que todo su mundo cambiara.

Todo esto subraya la parte humana desempeñada en los milagros. Los milagros son siempre el resultado de la voluntad de Dios, sí. Pero también pueden ocurrir en entornos donde alguien verdaderamente tiene fe. La razón por la que me gusta el testimonio de Marvin Andrews se debe a que es el testimonio de un hombre que creyó que nada es imposible para Dios, que se aferró a las promesas de Dios y siguió ejerciendo la fe aún cuando otros le estaban hablando de forma negativa. ¡Eso no es pasividad! Eso no es una actitud determinista de "que sea lo que sea". Eso es fe.

La mujer que tocó al Rey

Quizá haya anticipado ya el incidente que voy a describir ahora. Marcos habla acerca de ello en el capítulo 5 de su Evangelio, Mateo en el capítulo 9 y Lucas en el capítulo 8. Jesús está de camino a la casa de un principal de la sinagoga llamado Jairo, cuya hija de doce años está muy enferma. El papá se las ingenia para hacer que Jesús vaya a su casa. De camino, Jesús se retrasa por la conducta de una mujer desesperada por sanidad. Lucas narra el incidente como sigue:

> *Pero una mujer que padecía de flujo de sangre desde hacía doce años, y que había gastado en médicos todo cuanto tenía, y por ninguno había podido ser curada, se le acercó por detrás y tocó el borde de su manto; y al instante se detuvo el flujo de su sangre. Entonces Jesús dijo: ¿Quién es el que me ha tocado? Y negando todos, dijo Pedro y los que con él estaban: Maestro, la multitud te aprieta y oprime, y dices: ¿Quién es el que me ha tocado? Pero Jesús dijo: Alguien me ha tocado; porque yo he conocido que ha salido poder de mí. Entonces, cuando la mujer vio que no había quedado oculta, vino temblando, y postrándose a sus pies, le declaró delante de todo el pueblo por qué causa le había tocado, y cómo al instante había sido sanada. Y él le dijo: Hija, tu fe te ha salvado; ve en paz.*
>
> (Lucas 8:43–48)

Hay muchas cosas que es importante destacar en este incidente. Me gustaría señalar cinco en particular.

Primero, observe la manera en que Lucas enfatiza el poder de tan solo un toque en este episodio. Cinco veces usa el verbo *haptomai*, tocar, en el relato de este incidente. Lucas era médico. Como médico encuentra fascinante los efectos de sanidad del toque del Rey. Lo único que hizo la mujer fue tocar a Jesús, y eso lo cambió absolutamente todo. Solo este hecho intriga claramente al Dr. Lucas.

Lo segundo que deberíamos destacar es que la mujer era "inmunda". Su trastorno en la sangre le hacía ser impura a ojos de los rabinos. Sin embargo, Jesús no la condena por tocarle, ni Él mismo se considera por eso inmundo. Jesús toca a los "intocables", y los "intocables" tocan a Jesús. Sin duda, va a la casa de Jairo a tocar a la niña que ahora estaba muerta.

Esto nos lleva en tercer lugar a la mención de los "doce años". (Véase Lucas 8:42). La niña tenía doce años. La mujer había tenido el flujo de sangre durante doce años. Esto significa que la niña nació el año en que la mujer comenzó a sufrir su enfermedad. Esto parece otro ejemplo de "sincronismo del Reino". Estas dos vidas, unidas por el número de años mencionado, son maravillosamente transformadas exactamente en el mismo día.

Lo cuarto a destacar es la forma en que Jesús detiene a toda una multitud por tan solo una persona. Había un sentimiento de urgencia, al menos en Jairo. Quería que Jesús estuviera con su hija lo antes posible. Pero cuando la mujer tocó a Jesús, Él detuvo todo el desfile para saber quién era. Eso me habla de la profunda compasión de Jesús. Él no vivía según la tiranía de lo urgente. Vivía una vida de amor.

Lo último que quiero mencionar es la fe de la mujer. Había gastado todo su dinero en consultas médicas, y no habían podido curar su problema. Sería posible que en este punto ella dijera: "Voy a tener que vivir con esto. Debe de ser la voluntad de Dios". Pero no lo hace. Al oír que Jesús está en la ciudad, le persigue entre la multitud, desesperada por tocar el manto del Rey. ¿Por qué hace eso? ¿Qué está ocurriendo en su corazón? Lo único que podemos decir es que debió de haber oído el testimonio de los milagros de sanidad de Jesús y esa fe, que viene por el oír, ha brotado en su corazón.

Fe significa "creer lo que no se puede ver". O como dijo San Agustín: "Fe es creer lo que no podemos ver; la recompensa de la fe es ver lo que creemos". La mujer no puede ver su sanidad. Sin embargo, cree que va a recibirla. Así que persiste y se aferra al Sanador Real y al hacerlo es sanada *de inmediato*. Las palabras de Jesús concluyen la historia: *"Tu fe te ha salvado"*. Matthew Henry lo dice de forma muy compasiva:

> Su fe era muy fuerte; porque no dudó, sino que mediante el toque del borde de su manto ella obtendría de Él una

> virtud sanadora suficiente para su alivio, viéndole como una fuente tal de misericordias que ella podría robar una cura y Él respondería. Así, una pobre alma perdida entre la multitud, de cuya presencia nadie se había percatado, es sanada, ayudada y salvada.

Por mucho que lo intentemos, no podemos dejar escapar la importancia de la fe en este pasaje. Al igual que Marvin Andrews, la mujer de Lucas 8 había oído muchas cosas poco prometedoras de los médicos para su vida, y sin embargo ella decide creer que Jesús tiene el poder para sanarla. Eso implica al menos alguna parte humana en el evento de sanidad. Algunos, por supuesto, argumentarán que esa fe es un don divino y que su creencia en el poder de Jesús fue inspirada por Dios. Incluso aunque fuera cierto en este caso, la mujer todavía tuvo que cooperar con Dios. Ella no era un robot programado para creer. No fue forzada a correr detrás del Sanador. Ella decidió ser activa en el proceso. Tomó la decisión de poner su confianza en Jesús y creer que nada es demasiado difícil para el Señor. En un tiempo de extrema dificultad, superó todas sus dudas y temores e irrumpió en la presencia del Libertador. No es de extrañar que Jesús aplaudiera su fe.

El borde del manto de Jesús

Pero ¿en qué estaba puesta su fe exactamente? Para responder a esta pregunta necesitamos entender el trasfondo judío de la historia. En particular, tenemos que entender por qué la mujer toca "el borde de su manto". ¿Qué quiso decir Lucas con esta frase?

En los tiempos de Jesús, los hombres judíos llevaban un manto exterior de lana llamado el *talit*. En cada una de las cuatro esquinas de este manto había unas borlas llamadas *tzitzit*. Estos *tzitzit* eran extremadamente importantes por razones religiosas. Se llevaban según Números 15:37–40, donde el Señor le dice a Moisés que enseñe a su pueblo a hacer borlas para llevar en sus mantos para todas las generaciones futuras. Estas borlas serían un recordatorio de todos los mandamientos del Señor, un estímulo para obedecer todo lo que Dios requiere para vivir una vida santa.

Según el experto judío Dwight Pryor, los *tzitzit* tenían un diseño específico. Cada borla tenía ocho hilos. Cuatro hilos (tres blancos y uno azul) estaban abrochados a través de una apertura en la esquina del manto y luego doblados para convertirse en total en ocho. Estos ocho hilos después estaban atados en una serie de cinco nudos dobles.

Todo esto era extremadamente importante en términos de simbolismo. Los cinco nudos eran un recordatorio de la Torá, que contenía los cinco primeros libros de la Biblia. Los cuatro hilos eran un recordatorio del tetragramón, las cuatro letras griegas que componían el nombre de pacto sagrado de Dios revelado a Moisés (YHWH). El número 13 (8+5) era un recordatorio de la unidad de Dios. La palabra *echad* en hebreo tiene el valor numérico de 13, y esta palabra significa "uno", como en "el Señor uno es" (por ej., indivisible). La palabra *tzitzit* misma tiene un valor numérico de 600, el cual, cuando se suma al 13 que ya hemos dicho arriba, forma el 613. En la tradición judía había 613 mandamientos en los cinco libros de la Torá.

Las borlas del manto externo de Jesús eran, por lo tanto, extremadamente ricas en términos de su simbolismo. Representaban el nombre sagrado de Dios (los cuatro hilos), las instrucciones de Dios (los cinco nudos dobles), la unidad de Dios (los ocho hilos atados en los cinco nudos dobles) y la totalidad de los mandamientos de Dios (600+13).

Según una interpretación judía de este pasaje, la mujer estaba expresando fe en Dios en el sentido más completo. No estaba dirigiendo su fe hacia algunas propiedades supuestamente místicas en las borlas mismas. Eso hubiera sido superstición. Más bien, quería tocar la totalidad de lo que Dios es, ¡y en el proceso experimentó sanidad! Como lo dice Dwight Pryor, realmente ella estaba diciendo: "Si tan solo logro aferrarme a la totalidad o la plenitud de Dios: lo que Él es; su naturaleza, su palabra y su voluntad, por ej., si tan solo pudiera tocar la plenitud de Dios, yo misma podré ser sana". (www.jcstudies.com). Ahora bien, eso es lo que yo llamo "fe".

El reino es para los desesperados

Uno de mis mayores héroes es George Muller, que construyó orfanatos en Bristol durante el siglo XIX. Vivió totalmente por fe y dijo esto: "La fe no opera en la esfera de lo posible. No hay gloria para Dios en lo que se puede conseguir humanamente. La fe comienza donde termina el poder del hombre".

Este tipo de fe a menudo es vital para recibir el toque del Rey que lo cambia todo. Una desesperación santa es necesaria si queremos perseverar y ver los cambios que anhelamos. La fe pasiva (que es realmente una contradicción de términos) no funcionará. El escepticismo no es útil. Lo que se requiere es una fe activa, viva y dinámica que brota de una búsqueda apasionada de Dios.

El gran teólogo del avivamiento Jonathan Edwards fue muy conocido por esto. Lo llamaba "proseguir en el reino de Dios". En un sermón con el mismo título Edwards una vez definió a lo que se refería con ello:

> Proseguir en el reino del cielo denota un fervor y firmeza de resolución. Debería haber fortaleza de resolución, y también una fuerza de deseo, como ocurría en el salmista: "una cosa he demandado a Jehová, ésta buscaré".

Edwards siguió diciendo:

> Hay dos cosas necesarias en un persona, para poseer estas fuertes resoluciones; debe haber un sentimiento de la gran importancia y necesidad de la misericordia que se busca, y también debe haber un sentimiento de oportunidad para obtenerla, o el ánimo necesario para buscarla.

Aunque Edwards no creía que la sanidad divina estaba disponible en su propio tiempo, sus principios siguen siendo relevantes. La mujer de Lucas 8 ciertamente tenía fervor y firmeza en su resolución. Además, la mujer tenía tanto necesidad como oportunidad. Necesitaba desesperadamente la sanidad y vio en Jesús la oportunidad de su sanidad. El reino de Dios es verdaderamente para los desesperados.

La historia de Helen

Hace unos diez años invité al Obispo Joseph y a la Pastora Barbara Garlington a la iglesia que yo dirigía entonces, St. Andrew's Chorleywood. Ellos ministraban en Pittsburgh en una maravillosa iglesia creciente y vibrante. Llevaron al coro con ellos, y tuvimos un fin de semana extraordinario en la presencia de Dios juntos, adorando, escuchando una gran enseñanza y entrando al siguiente nivel en nuestro caminar con Dios.

Una de las muchas personas en nuestra iglesia transformada por esta visita fue una joven llamada Helen, una graduada de teología que había sufrido una grave enfermedad y discapacidad en su tiempo en la universidad. Desesperada por sanidad, ella se abrió paso entre la multitud de nuestra iglesia el domingo por la mañana para pedirle a la Pastora Barbara (que dirige el ministerio de sanidad en su iglesia en Pittsburgh) que orase por ella. Helen cuenta la historia en sus propias palabras:

Cuando tenía 21 años, en mi último año en la universidad, tuve una cirugía de columna, y durante mi recuperación descubrí que estaba parcialmente sorda de ambos oídos. Eso me afectó durante seis meses y acababa de tener otros ocho de muchos problemas, así que saber esto realmente probó mi fe y dependencia de Dios.

Estaba muy cansada de tratar cosas, así que simplemente las acepté. Cuando Mark Stibbe habló sobre estar desesperados por el toque de sanidad de Dios, no tenía ni idea de cómo estar desesperada. El agotamiento y entumecimiento emocional superaba con mucho mi capacidad de buscar la sanidad de forma activa. Fue como si me resignara al hecho de que tenía esta discapacidad. Tuve que usar un sonotone durante dieciocho meses, lo cual odiaba; era solo en un oído, así que mi audición aún no era buena y era muy frustrante para mí y para todos los que me rodeaban.

Después mis zumbidos de oídos (los cuales he tenido desde que tengo uso de razón) empeoraron y eran constantes en vez de ser intermitentes. Me impedían dormir, concentrarme en el trabajo, relajarme; me producían dolores de cabeza y me estaba agotando y llenando de resentimiento.

Entonces llegó el fin de semana en la iglesia cuando el Obispo Joseph y la Pastora Barbara Garlington llegaron a nuestra iglesia en St. Andrews. Fui a la reunión del viernes por la noche cuando el coro de Pittsburgh estaba cantando, y me derrumbé. El agotamiento, la frustración, las jaquecas eran demasiado para mí, y me puse a llorar. Eso para mí es bastante inusual, ya que no soy una persona particularmente emocional, especialmente en público, pero no me importaba, había soportado demasiado.

La noche del domingo le dije a Dios: "Si quieres que vaya a la iglesia el domingo por la mañana será mejor que me despiertes". A las 10:30 de la mañana me desperté y decidí que no me quedaba tiempo suficiente para prepararme, y me quedé en la cama. Mi mamá llegó a casa tras el servicio de las 9:00 de la mañana y me animó a ir, así que fui, y el Obispo Joseph estaba hablando sobre estar expectantes ante el favor de Dios. Realmente me metí en ello y estaba esperando a las oraciones de ministración del final, pero no hubo. No podía creerlo. Yo no soy buena para salir a pedir oración, y el único día en que realmente sí quería hacerlo, no hubo esa oportunidad.

Sin embargo, vi a la Pastora Barbara y quise que ella orase por mí, así que superé la típica actitud británica de reserva y me dirigí hacia ella, no tentativamente, sino como si nada fuera a impedirme llamar a la puerta de Dios respecto a esto. Estaba muy desesperada. Le pregunté si tenía prisa, y me dijo que no, así que le expliqué brevemente por qué estaba ahí y lo decepcionada que estaba porque no había habido ministración. Así que oró por mí, y por primera vez en mucho tiempo, el Espíritu Santo se movió de manera visible y poderosa en mi vida. Conmigo por lo general es amable, pero no esta vez. Estábamos librando juntos una batalla. Mi actitud hacia ello era: "Bueno Dios, no tengo nada que perder, ya no puedo aguantar más esto; tienes que actuar ahora". Nunca soy tan asertiva, pero realmente me parecía que no me quedaba ninguna otra opción salvo que Dios me sanara. ¡Y lo hizo!

Cuando le conté la historia a mi madre se sorprendió de mí, no porque Dios me hubiera sanado, sino por haber actuado de forma tan distinta a como yo era. Mi desesperación me llevó a la obediencia y la expectativa de que Dios actuaría. Pero el otro lado de esto era que estaba totalmente lista para aceptar la sanidad, sin duda, sin boberías, y pienso que por eso mi audición mejoró cada vez más a medida que se lo contaba a más gente. A cuantas más personas se lo contaba, más clara era mi audición, y ahora no uso sonotone y no tengo casi problema alguno para oír a la gente. Alabo a Dios por lo que ha hecho.

¿Qué es la fe?

Helen demostró una gran fe en esa historia. Pero, entonces, ¿qué es la fe? Esta es una pregunta que formuló el escritor de la carta a los Hebreos. Comienza el capítulo 11 con estas palabras: *"La fe es la confianza de que en verdad sucederá lo que esperamos; es lo que nos da la certeza de las cosas que no podemos ver"* (NTV). ¿Cómo podemos llegar a tener tal fe?

Aquí existen dos puntos de vista. El primero dice que este tipo de fe es un don. El razonamiento que hay tras ello es que hay tres tipos de fe de los que se habla en el Nuevo Testamento. En primer lugar está lo que yo llamo la fe de "conversión". Esta es la fe que tuve en 1977 cuando confesé mis pecados y declaré que creí que Jesús era mi Salvador, Señor y Amigo. En ese día de 1977 fui justificado por la fe. Me puse a cuentas con Dios al creer en lo que Jesús había logrado en la cruz. A eso es a lo que me refiero con fe de "conversión". No puede uno hacerse cristiano sin ella.

Pero después hay un segundo tipo de fe del que se habla en el Nuevo Testamento. Yo lo llamo la fe "de seguimiento". Cuando me hice cristiano decidí creer en Jesús. Pero ese no fue el final del asunto en cuanto a lo que a la fe respecta. Tengo que seguir creyendo en Jesús todos los días. Necesito una fe de seguimiento, no solo una fe de conversión.

Después, en tercer lugar está lo que llamo la fe "carismática". Si recuerda la lista de dones espirituales en 1 Corintios 12..., observará que Pablo menciona la fe como un don de gracia o carismático en los versículos 8–11. Él valida lo que es este tipo de fe al comienzo de 1 Corintios 13 cuando describe una fe "que puede mover montañas". La fe carismática es una fe que mueve montañas. Es una explosión sobrenatural repentina de confianza en que Dios va a hacer algo milagroso. Quizá sea la conversión de alguien que pensábamos que nunca recibiría a Cristo. Podría ser la sanidad de alguien de quien pensábamos que sería algo imposible. Puede que sea el rescate de un matrimonio que considerábamos irreparable. Dios da fe "carismática" a ciertos individuos en su iglesia cuando está a punto de mover una montaña de imposibilidad.

Hace tan solo unos momentos hice la pregunta: "¿Cómo podemos tener el tipo de fe que compone 'la firme seguridad de que aquello que esperamos va a suceder'?". La primera respuesta a esta pregunta es que tenemos que orar por el don espiritual de fe. Cuando se trata del toque milagroso y transformador del Rey, la fe carismática (en vez de meramente la fe de seguimiento) es lo que se necesita, y esto es un regalo que se recibe, no un sentimiento que usted mismo puede despertar.

La segunda respuesta a la pregunta es que este tipo de fe especial es algo que ejercemos según nuestra propia elección e iniciativa. En esta manera de pensar, la fe es algo que decidimos y nos disciplinamos para desarrollar con el tiempo. Es la fe "de seguimiento" ejercitada a un mayor nivel. El pasaje a menudo usado para apoyar esta visión es Marcos 4:26–29:

> *Decía además: Así es el reino de Dios, como cuando un hombre echa semilla en la tierra; y duerme y se levanta, de noche y de día, y la semilla brota y crece sin que él sepa cómo. Porque de suyo lleva fruto la tierra, primero hierba, luego*

espiga, después grano lleno en la espiga; y cuando el fruto está maduro, en seguida se mete la hoz, porque la siega ha llegado.

Los que creen que esta fe especial o dinámica es algo que todos podemos ejercitar apuntan al crecimiento de la semilla aquí: primero la brizna, luego la cabeza, después el grano completo en la cabeza. Asemejan la fe a la semilla. Se da por hecho que se desarrolla, se fortalece y crece. Para decirlo de otra forma, la fe es como un músculo. Es algo que ejercitamos, y cuanto más lo ejercitamos, más fuerte se vuelve.

Así que hay dos ideas con las que rutinariamente me cruzo cuando se trata de la fe (entendida como la confiada seguridad de que una cosa esperada va a ocurrir). La primera dice que este tipo de fe es un don conferido sobrenaturalmente y repentinamente por Dios. La segunda dice que es algo que nosotros decidimos ejercitar en una situación dada de necesidad y desafío.

Una fe luchadora

La discusión acerca de cuál de estas dos ideas es la correcta sin duda alguna que continuará. Al final, sin embargo, una cosa es cierta, que es imposible agradar a Dios si no tenemos fe (Hebreos 11:6). Todos los cristianos están llamados a ejercitar la fe. Todos los cristianos están llamados a creer diariamente en lo que no pueden ver aún, poner su confianza en las realidades invisibles del Reino. Más que eso, la mayoría de los grandes avances en la vida cristiana se producen cuando alguien en algún lugar ha ejercitado lo que yo llamo la "fe luchadora". Como Helen en el testimonio, han perseguido a Dios con desesperación. Han sido agresivos, activos y determinados en el ejercicio de su fe. La historia de Helen demuestra que el avance se produce cuando se muestra una fe luchadora. Como dice Ralph Erskine: "La fe, sin dificultad o lucha, es una fe suspicaz; porque la verdadera fe es una lucha, una fe de pelea".

En County Armagh en Irlanda del Norte, una mujer llamada Sharyn Mackay recibió un diagnóstico de cáncer y le dijeron que tenía doce meses de vida. Esta madre de cuatro hijos recibió la noticia de que tenía una forma rara de cáncer que se había extendido por sus pulmones y riñones. Le dijeron que con toda certeza iba a morir. Sharyn quedó devastada con la noticia. Solo el día antes, había celebrado el cumpleaños de uno de sus hijos. Ahora le habían dicho que no viviría para ver el siguiente.

Sharyn sabía que solo su fe cristiana podría ayudarle ahora. Era lo único que le quedaba. En este punto oyó acerca de algunas reuniones de sanidad que se estaban llevando a cabo en el centro Solihull Renewal Center en Inglaterra. Estas reuniones las organizaba el Dr. David Carr… Sharyn y su esposo William decidieron ir. Así es como ella cuenta lo que ocurrió:

> En cuanto entramos en el edificio sentimos un enorme calor. Era como si hubiera una presencia increíble en la sala y un extraordinario sentimiento de amor. Tan pronto como terminó la reunión sentí como si el cáncer se hubiera ido de mi cuerpo.

El 8 de julio de 2004 Sharyn y William fueron al hospital para recibir los últimos resultados. Oraron durante todo el camino hasta el hospital, y aunque en lo natural estaban muy nerviosos sentían una paz sobrenatural. Cuando llegó el médico estaba sonriendo. Dijo: "Sharyn, vas a salir del hospital más contenta de lo que entraste". Le dijo a Sharyn que no moriría, porque todo rastro de cáncer había desaparecido por completo. Cuatro radiólogos habían analizado los resultados de sus pruebas y estaban impactados de no encontrar cáncer en los pulmones o riñones de Sharyn. No tenían explicación alguna para ello.

La pareja estaba inundada de gozo por estas noticias. Desde entonces han comenzado su propio ministerio de sanidad y ahora animan a otras personas a creer en el poder de la oración. Más que eso, la milagrosa recuperación de Sharyn ha llegado a ser muy conocida en Irlanda del Norte, donde ahora se enseña como parte del temario en escuelas, ¡como ejemplo de un milagro actual!

Qué ejemplo de "fe luchadora". La fe luchadora no es una fe libre de ansiedad o lágrimas. La fe luchadora es una fe que atraviesa las paredes de la duda y el temor hasta llegar a un lugar de avance. La fe luchadora es lo que mostró Sharyn. La fe luchadora es lo que vemos en la historia de Helen. Si usted me pregunta si este tipo de fe es divina o humana, tendría que decir que es ambas cosas. Es un don de Dios, algo donado por nuestro amoroso Padre celestial. Pero es también algo sobre lo que tenemos que actuar con valentía e intencionalidad. La fe, particularmente la fe luchadora, es un ingrediente vital en el toque del Rey. La fe luchadora se aferra a Jesús cuando la oportunidad aparece.

Cuando el Rey pasa

Alguien dijo una vez que la oportunidad de toda una vida se debe aprovechar en la vida de la oportunidad. Hay momentos en los Evangelios cuando el Rey de reyes está pasando y personas aprovechan el momento. No solo aprovechan el momento, sino que se aferran al Rey. Es como si algo en lo más hondo de su corazón supiera que solo un toque de este Rey lo cambiará todo.

Me pregunto si usted ha estado alguna vez en alguna situación en la que tuvo una oportunidad única de estrechar la mano de alguien realmente famoso, alguien realmente influyente, alguien a quien usted respete por su posición en la vida. Eso nos pasó a un amigo, J. John y a mí. Estábamos en Washington, D.C., y tuve la oportunidad no solo de ir a la Casa Blanca de visita, sino también de entrar en el Ala Oeste para comer con varios cristianos que trabajaban para el Presidente George W. Bush. Tuvimos un buen tiempo. Sin embargo, dentro de ambos estaba el deseo de acercarnos al Presidente. Queríamos estrechar su mano, no porque fuéramos republicanos sino porque sabíamos que era un hombre de fe, ¡y porque sabíamos que nos daría una gran historia!

Bueno, no vimos al Presidente durante la visita del Ala Oeste ni durante la comida en el West Wing Mess. Tras nuestra comida dejamos la mesa, y ambos fuimos al baño. Una vez dentro nos dimos cuenta de que éramos los únicos allí. Habíamos visto a todos los agentes secretos vestidos con trajes negros y hablando por micrófonos secretos, así que decidimos divertirnos un poco. Fingimos ser agentes secretos, hablando a nuestras mangas mientras nos lavábamos y secábamos las manos. Nos reímos mucho a costa de esos caballeros, sin darnos cuenta de que probablemente nos estaban viendo en cámaras ocultas ¡y riéndose también a nuestra costa!

Como resultado de este humor infantil estuvimos más tiempo del que debíamos haber estado. Cuando salimos, los dos hombres que nos habían estado escoltando por el Ala Oeste nos miraron con desesperación. Sabían lo mucho que nos hubiera gustado estrechar la mano del Presidente. Bueno, mientras estábamos gastando nuestro tiempo fingiendo ser del servicio secreto, el Presidente y el Vicepresidente habían pasado por ahí de camino al salón de estrategia. Se habían detenido para estrechar las manos de los dos caballeros que nos cuidaban. Si no hubiéramos estado jugando, nosotros también habríamos estado ahí, ¡y habríamos podido estrechar la mano de la persona más poderosa del planeta!

Desde ese momento he usado esa historia, a mi propia costa, para animar a la gente a no malgastar su oportunidad de llegar a estrechar la mano del Rey. El problema es que hay demasiados cristianos jugando en los aseos cuando está pasando el Rey de reyes.

Un mover de Dios diasozo

En los Evangelios, vemos a personas aprovechando su oportunidad cuando Jesús pasa. Desesperados por tan solo un toque, le buscan y encuentran su sanidad. No se entretienen. No pierden el tiempo. Aprovechan la oportunidad de su vida en la vida de esa oportunidad.

Esto ocurre en el caso de individuos, como la mujer con el flujo de sangre. Esto también ocurre con multitudes completas de gente. De hecho, uno de mis ejemplos favoritos de esto está justo al final de Mateo 14. Los discípulos acaban de cruzar el lago y llegan a Genesaret con Jesús. Mateo lo cuenta así:

> *Y terminada la travesía, vinieron a tierra de Genesaret. Cuando le conocieron los hombres de aquel lugar, enviaron noticia por toda aquella tierra alrededor, y trajeron a él todos los enfermos; y le rogaban que les dejase tocar solamente el borde de su manto; y todos los que lo tocaron, quedaron sanos.* (Mateo 13:34–36)

Mateo usa dos veces el verbo *haptomai,* para tocar, en su informe. Aquí tenemos no solo a unas pocas personas tocando a Jesús. Tenemos un gran número de gente tocándole.

¿Qué caracterizaba a todas estas personas en su deseo de tocar a Jesús? La respuesta es simple: fue una fe luchadora. Estas personas realmente creían que Jesús podía cambiar su situación. Creían que si eran capaces de acercase a Él lo suficiente, si tan solo lograban tocarle, entonces los ojos ciegos verían, los oídos tapados oirían, las piernas cojas serían sanadas, los tumores desaparecerían, etc. Todos tenían una cosa en común además de la enfermedad: tenían FE. Realmente creían en el poder de Jesús para salvar, sanar y liberar.

Y por eso Mateo narra que fueron sanados. La palabra en el original griego es de hecho mucho más emocionante. En vez del verbo normal griego para sanar, *sozo,* Mateo usa una palabra mucho más inusual, *diasozo.* Es una combinación de *sozo,* sanar, y *dia,* que significa exhaustivamente o por completo. *Diasozo* significa curar completamente, restaurar perfectamente, sanar totalmente. De lo que Mateo está hablando aquí es de curas totales. En Genesaret, las multitudes se acercaron a Jesús y tan solo un toque lo cambió todo: totalmente, perfectamente y completamente.

¿No anhela usted un mover *diasozo* de Dios como ese hoy? Para que eso ocurra, tendremos que estar lo suficientemente desesperados para aferrarnos al Rey cuando pase. En pocas palabras, necesitaremos tener fe en Dios. Necesitaremos tener una fe luchadora.

Tiempo de acercarse a Jesús

En 2005 estaba predicando sobre el tema...: "Un toque del Rey lo cambia todo". Cuando comenzamos a cantar una canción de adoración, una señora en la primera fila estaba meditando en esta idea del toque transformador del Rey. Tenía una discapacidad importante provocada por un accidente de tráfico horrible que tuvo hacía veinte años. Como resultado de sus lesiones, no había podido levantar su mano izquierda más alto del nivel del hombro durante dos décadas. Su brazo izquierdo estaba atascado en su posición, como si lo tuviera en cabestrillo.

Recordando la historia de la mujer que se acercó para tocar el manto de Jesús, decidió que iba a acercarse a Dios. Desesperada por su sanidad, comenzó a cantar alabanzas a Dios y a extender su brazo discapacitado al cielo. De repente, vio que podía hacer lo que nunca había podido hacer desde su accidente. Levantó su mano izquierda haciendo que su brazo estuviera totalmente estirado por encima de su cabeza. Por primera vez en dos décadas podía levantar ambos brazos en la adoración. Al hacerlo, su esposo que estaba junto a ella vio lo que estaba ocurriendo, y cayó en su asiento llorando.

Nadie le había pedido que se acercara al frente a recibir. Nadie estaba orando por ella cuando se impusieron manos. Simplemente se acercó para tocar al Rey. Dos días después compartió su testimonio con toda la iglesia. La congregación, que conocía bien a la señora, irrumpió en un aplauso y compartió su gozo.

Me encanta la forma en que el Obispo Joseph Garlington lo dice en su increíble canción "Solo un toque":

> Este es tu momento; no esperes
> Esta es tu hora; presiona
> Solo acércate; es la hora de recibir
> Mírame ahora, y solo cree.

Creo que Dios está llamando a los necesitados a estirar su mano para tocar al Rey y hacerlo con una fe luchadora. También creo que Dios está llamando a los que oran por los enfermos a hacerlo con el mismo tipo de fe luchadora.

Esta mañana recibí un correo electrónico de dos de nuestros misioneros que trabajan en Europa del Este. Nos informaron del siguiente incidente:

> *Fuimos el domingo a una ciudad cercana. Nuestros amigos Mike y Kathryn también fueron. Decidieron dejar a sus dos hijos, James (4) y Elizabeth (3), en casa con su cuidadora. Pasamos un buen día, pero cuando regresamos recibimos una llamada de Mike diciendo que James se había caído y se había roto el brazo a la altura del codo.*

Siempre es una preocupación cuando se produce un grave problema médico aquí, ya que no están equipados con instalaciones o personal especializado. Todos nuestros médicos misioneros estaban fuera de la ciudad, lo cual es inusual. Así que Mike llevó a James a un hospital local donde le hicieron una radiografía de su brazo y se vio que estaba roto. Entonces le pusieron una media escayola y le enviaron a casa. Le dijeron a Mike que le volviera a llevar al día siguiente y le volverían a hacer otra radiografía, le quitarían la escayola y luego le volverían a poner la misma escayola. No estábamos seguros de qué pensar acerca de esto, pero teníamos que confiar en Dios. Así que los cuatro impusimos manos sobre James y oramos para que Dios le sanara.

Esta mañana, James les dijo a sus padres que Dios le habló durante la noche y le dijo que estirase su brazo y que estaba mejor. No es algo normal para un niño de cuatro años. Y efectivamente, cuando se levantó esta mañana pudo usar su brazo de manera normal.

Lo que Dios le dijo a este niño de cuatro años se lo está diciendo también a muchos otros: "Estira tu brazo".

En Marcos capítulo 3, Jesús sana a un hombre con un brazo seco. Marcos informa en el versículo 5 (NTV): *"Entonces le dijo al hombre: 'Extiende la mano'. Así que el hombre la extendió, ¡y la mano quedó restaurada!"*. El hombre tuvo que hacer su parte extendiendo su brazo en fe y obediencia. Jesús después hizo su parte sanando al hombre milagrosamente. Los milagros de sanidad son la obra de Dios, seguro. Pero nosotros tenemos un papel que desempeñar en el proceso. Debemos mostrar la fe luchadora a menos y hasta que el Señor no nos diga lo contrario.

Viaje a la Palabra y al Espíritu

1. ¿Qué significa para usted "tocar el borde del manto de Jesús"?
2. ¿Hay algo que Dios le esté pidiendo hacer para mostrar una "fe luchadora"?

Capítulo extraído del libro de Mark Stibbe *One Touch from the King Changes Everything* (Authentic Media, 2007, 2010), capítulo 3, "Grabbing Hold of God". La parte en cursiva la añadió el autor para esta publicación.

Acerca del autor

El Dr. Mark Stibbe es un antiguo pastor británico de la iglesia Saint Andrews, Chorleywood, R.U., y es autor de libros éxitos de ventas sobre el corazón del Padre. Fundó una empresa de comunicaciones que ayuda a buenos escritores a convertirse en grandes escritores, y está actualmente escribiendo una serie de novelas ambientadas en el siglo XVIII acerca de un "pastor espía". Para más información, por favor, vea las páginas Web de Mark Stibbe, www.thescriptdoctor.org.uk y www.thomaspryce.co.uk, y su página de escritor en www.amazon.com.

SANIDAD PARA EL CUERPO

Mary K. Baxter

5

SANIDAD PARA EL CUERPO

Mary K. Baxter

"Amado, yo deseo que tú seas prosperado en todas las cosas, y que tengas salud así como prospera tu alma".
—3 Juan 1:2

La salvación por medio de Jesús nos provee, primero con sanidad para nuestros espíritus—una nueva naturaleza, una correcta comunión con nuestro Padre celestial y vida eterna. Segundo, nos faculta para recibir sanidad para nuestras mentes y emociones para que podamos estar en paz en medio de las pruebas de la vida, reflejar el carácter de Dios y hacer decisiones en línea con Su Palabra. Tercero, nos faculta para recibir sanidad física. *"Por su llaga fuimos nosotros curados"* (Isaías 53:5).

Un derramamiento de gracia

Dios me ha ofrecido muchas grandes misericordias durante mi vida. Cuando alcanzo un punto de desesperación, Él siempre responde con un derramamiento de gracia. *"De su plenitud* [la de Jesús] *todos hemos recibido gracia sobre gracia"* (Juan 1:16, NVI) y una de esas bendiciones es la sanidad física.

Una vez, estaba orando en mi hogar, cuando sentí que algo malo estaba pasando con uno de mis hijos. Efectivamente, mi hijo venía dando traspiés por la puerta del patio ¡y cayó justo frente a mí! Sus amigos explicaron que él había estado jugando fútbol y uno de los jugadores más altos accidentalmente le había pisado la cabeza. Yo inmediatamente llamé al trabajo a su padre. Él vino a casa y entre los dos lo llevamos apresuradamente al hospital mientras tanto el niño caía en estado de inconsciencia. En el camino al hospital, la máquina del carro explotó, al tiempo que finalmente llegamos al hospital, todo lo que pude hacer fue llorar. No pude orar ni hacer nada más.

Algunos cristianos amigos vinieron al hospital y me dijeron que yo había perdido mi fe. Sin embargo, durante toda la vida de mi hijo, había sido atacado en su cabeza. Yo ya estaba cansada de los ataques del diablo de esta manera a mi hijo. En una anterior ocasión, había estado enfermo y lo habíamos llevado al hospital, donde lo diagnosticaron como epiléptico.

Por tanto, este episodio particular, durante el cual su pequeño cuerpo cayó frente a mí, pareció demasiado para mí. En mi desesperación, clamé: *¡Dios, llévatelo!* Después de pasar por numerosos exámenes médicos y permanecer en el hospital toda la tarde, mi hijo se recuperó la consciencia. Todos los exámenes médicos aparecían normales y fue dado de alta del hospital después de la media noche. ¡Gracias, Señor! Cuando volvimos a casa, mi esposo convino en quedarse y cuidar a nuestro hijo, mientras yo me iba a dormir.

Me fui al baño y la paz de Dios parecía llenarme toda a la vez. Caí sobre mis rodillas y Dios abrió mi boca. Instantáneamente, pensé: *Realmente ahora voy a ser castigada por Dios lo que dije en el hospital* (diciéndole que se lo llevara). Sin embargo, esa no fue la intención de Dios "castigarme". Su intención fue de consolarme y sanarme.

Semanas anteriores yo había ido donde el dentista y mientras el dentista trabajaba en mis dientes, el taladro se le cayó y corrió por la sala, por lo que tuvieron que dejarme uno de mis dientes con una gasa de algodón. Yo le dije a mi esposo: "Si Dios no me rellena mis dientes, entonces no serán rellenados". Bien, yo había olvidado todo acerca de esta declaración, pero Dios no lo había olvidado. Él comenzó a rellenar mis dientes en el baño después que trajimos a mi hijo del hospital.

Jamás Él me rechazó por haberle pedido que se llevara mi hijo. ¡En cambio, me sanó rellenándome mis dientes! Cuando por fin miré el reloj, noté que eran las cuatro de la mañana. Dios había operado en mi boca por cuatro horas. Corrí vestíbulo abajo y le grité a mi esposo: "¡Mira, mira, Dios llenó mis dientes!". Él no lo creyó y solo me dijo que me fuera a acostar. Por la mañana, ¡le mostré el milagro que Dios había realizado!

Mientras he ministrado el evangelio en los Estados Unidos de Norteamérica, he encontrado este milagro de Dios muchas veces. Él rellena los dientes de las personas para mostrarles Su poder. En una ocasión, una amiga mía, vino a mi casa. Ella había oído que Dios rellenaba dientes en los servicios de la iglesia, y dijo: "Tengo un diente malo, y quiero que Dios me lo rellene". Yo le dije: "Bien, no te puedo garantizar que Dios te rellene tu diente, no está de mí, sino de Dios. Orará por ti y te ungiré, pero tiene que ser Dios". Esa noche, ella en realidad abrió su boca como un pajarito, creyendo que Dios le arreglaría su diente. Esto es fe. Ella realmente creyó a Dios. A la mañana siguiente, su diente estaba arreglado con lo que parecía ser perla blanca. Ella le contó a la gente en varias iglesias que Dios le había arreglado su diente, y cuando lo hizo otras personas también le fueron reparados sus dientes. Eso sucede cuando la gente se levanta y testifica.

Estuve predicando en Hudson Bay, Canadá, y una dama que tenía como diez cavidades vino. Oré con ella y ella cayó al piso y comenzó a rodar, llorando y gritando. Yo pensé: *Bien, Dios, ¿qué pasó con ella?* Más adelante ella se levantó y regresó a mí y dijo: "Mira mi boca". Dios le había llenado todos sus dientes con oro. Ella explicó: "Estaba gritando y llorando de gozo porque no hubo dolor del todo. Yo sabía lo que Él estaba haciendo". Yo le dije: "Bien, necesitas decírselo a la gente". Sin embargo, durante tres años esta mujer no dio su testimonio. Después ella vino a donde yo estaba ministrando y la hice pasar para que le contara a la congregación. Muchos dientes de personas fueron reparados esa noche porque ella contó lo que el Señor había hecho con ella.

Mi suegra tenía una iglesia en Pennsylvania, y un día, estábamos orando por los dientes de las personas. Ambas vimos, en visión, chorros de oro que tenían como dos pulgadas de ancho. Estas diminutas anchuras de oro caían y se posaban en los dientes de las personas donde ellos tenían cavidades, y los ángeles reparaban los dientes de las personas.

Dios estaba mostrando Su poder, y fue maravillosa porque una de las personas que fue sanada allí por Él no parecía estar viviendo para Él y era un hipócrita. Dios es misericordioso.

En otra ocasión, yo estaba ministrando en una iglesia en Nueva York. Una mujer cuyos dientes le estaban dando problemas, fue la primera en venir para que se orara por ella esa noche, y yo oré por ella. La mañana siguiente, casi al final del servicio, ella dijo: "Tengo un testimonio". Yo le pregunté de qué se trataba, y ella dijo: "¿Recuerda usted la otra noche cuando yo no podía comer porque mi boca me molestaba mucho? Bien, ¡Mire!". Ella abrió su boca para descubrir los más bellos rellenos. Ella explicó: "No tenía con qué ir al dentista, y Dios me rellenó mis dientes".

Cuando estuve en Malasia para ministrar, me encontré con la esposa de un pastor que me preguntó: "¿Puede orar por mí, pues tengo una cantidad de hoyos en mis dientes?" Por lo que puse mis manos sobre su cara y por un rato no pude quitar mis manos. Cuando finalmente terminé de orar y quité mis manos de su cara, los hoyos de sus dientes estaban rellenados con oro. Cuando Dios está listo para mostrarse a Sí mismo, no le interesa lo que otros pudieran pensar. Usted debe aprender a discernir la voz de Dios porque, repito, Sus caminos no nuestros caminos, y Sus pensamientos no son nuestros pensamientos.

En otra ocasión, yo estaba ministrando a unas doscientas personas en otra nación, y hablé del milagroso poder de Dios para reparar los dientes de la gente. Había un bebé allí que tenía cerca de año y medio de edad y todavía lo alimentaban con leche. La madre tenía al bebé en sus brazos, y éste estaba llorando. El niño tenía unos dientecitos enfrente pero algunos de ellos tenían caries y se le caían. La madre dijo: "El dentista no puede hacer nada". Mi corazón se me salió ante el bebé porque ¡no hay cosa peor que un dolor de muelas! Fui y puse mis manos sobre el bebé y luego bajé a la línea de oración. Ya había por unos quince niños más cuando la madre gritó. Dios había sanado al bebé y hecho crecer todos los dientes en quince minutos. ¡Eso fue un milagro! Luego, los dientes de muchos niños más fueron reparados ese día. Los pequeños bebés no saben lo que es la fe, sin embargo, los hijos son sanados por el amor y poder del Señor a medida que oramos por ellos.

También otros han tenido experiencias de sanidad de sus dientes. Mi amigo el pastor Harry Sauer del Faith Fire Word Center, en Titusville, Florida, testificó:

Mary K. Baxter oró por mis dientes y recibí una corona de oro en mi muela izquierda de abajo. Cuando volví al dentista, él me preguntó que qué había pasado porque él no había puesto la corona allí. Ellos no usan esa clase de oro. Yo le conté que había orado para que Jesús me sanara y llenara mis dientes, ¡alabado sea Dios!

Otro pastor de Independence, Missouri, escribió:

Cuando la hermana Baxter vino a nuestra iglesia, yo no tenía idea que recibiría relleno en mis dientes. Yo había estado yendo a la Clínica St. Elizabeth durante unos pocos meses ahora para rayos X, limpieza y extracción. Debido a que ellos están bien ocupados mis citas están entre uno a dos meses de espera. Pero esa noche, cuando ella llamó: 'Alguien o unos dos de ustedes que tengan que rellenar tres o cuatro dientes', yo me levanté obedeciendo al Espíritu Santo, subí al santuario donde la hermana—y obtuve mis rellenos de plata. Yo pensé que habían sido tres, pero cuando llegué a casa, ¡habían tres en el lado izquierdo abajo y uno en la parte de arriba del mismo lado! Sin embargo, lo que esto significa para mí, es que nosotros definitivamente servimos al mismo Dios que levantó a Lázaro de la muerte, el mismo Dios que dividió el Mar Rojo cuando salvó a los israelitas… el mismo Dios que hizo el milagro en mi hija y la mantuvo viva.

Doce milagros mayores

Nunca debemos dudar del poder de Dios. En una ocasión, mi hija espiritual y yo fuimos a una iglesia donde la música estaba tan alta que ella decidió sentarse en la fila de atrás porque sus oídos eran muy sensitivos. Del lado de afuera de la puerta vinieron doce ángeles con una mesa grande y en ella había doce cajas transparentes con llaves. Yo oré: *¿Jesús, que es esto?* Y Él me contestó: *Van haber doce milagros mayores aquí esta mañana.* Él continuó: *Mira la primera caja.* En la con llave estaba un corazón palpitando. La siguiente caja tenía dentro de ella esponjas amarillas. Yo pensé para mis adentros: *¿Qué cosa es eso?* El Espíritu dijo: *Aquí hay gente con asma y vamos a tocarlas con esto* [los artículos dentro de la caja] *y sanarlos de sus asmas.* Había una rótula en una caja, un nervio en otra, y así sucesivamente.

Yo estaba tan abrumada que le pregunté a Dios: *¿Señor, como voy a hacer todo esto?* Por lo que llamé a mi hija espiritual que estaba en el fondo de la iglesia para se reuniera conmigo en la esquina, y le pregunté que había visto ella. Ella al principio, estaba un poco vacilante en compartir conmigo, pero ¡luego procedió a describir las mismas cosas que yo había visto en mi visión!

Cuando me pare frente a la gente, lo primero que les pregunté fue: ¿Hay alguien aquí necesita sanidad para el asma o quien tenga pulmones malos por causa del fumado?" Inmediatamente la gente saltó y vinieron al frente de la iglesia, y los ángeles del Señor tomaron una llave, abrieron esa caja, y empezaron a tocar sus pulmones. Estas personas cayeron al piso bajo el poder de Dios y se levantaron sanos. Uno de ellos testificó: "Ví un ángel con un objeto divertido en su mano. Estoy desconcertado en decirles lo que parecía, pero se parecía a una esponja". Esa fue otra confirmación de la visión que mi hija y yo habíamos visto anteriormente.

Después, encontramos que la pastora de la iglesia necesitaba un corazón y que ella siempre había caminado cojeando de una rodilla mala. Durante este servicio, ella también cayó bajo el Espíritu de Dios, y las alas de un ángel comenzaron a cubrirla. Cuando finalmente se levantó del piso, se fue a su oficina llorando. Más adelante, ella visitó a su médico y nos llamó después para darnos el informe. Su corazón estaba como nuevo, y sus piernas completamente sanadas. Ella era una joven pastora y el diablo le había creado todas estas enfermedades en su vida, pero en un instante, Dios removió su enfermedad y la dejó a ella como nueva.

Sanidad de ataque demoníaco

Una vez fui a Taiwán para ministrar durante un mes, y tuvimos grandes convenciones donde había intérpretes. Una noche, una mujer vino a la iglesia con su hija de dos años en un carrito. La niña mantener levantada su cabecita, y era pequeña para su edad. Un ángel del Señor estaba allí y me mostró una visión de esta niña. No quiero perturbar a lasque son madres con lo que voy a decir a continuación. Esto puede ser difícil de recibir pero es importante estar consciente de los ataques que el enemigo pueda lanzar contra los niños. En esta visión, yo vi a una pequeña serpiente negra enrollada alrededor del cuello de la niña. Ya la podía ver como si lo estuviera mirando en la pantalla de la televisión.

Trajeron a la niña a la fila del frente en su carrito y la madre sentó allí alabando a Dios. El Espíritu Santo me dijo: *Ellos no serás capaces de interpretar lo que estoy diciendo. Quiero que bajes y pongas las manos sobre la niña.* Así que se lo dije al hombre que estaba allí y bajé y puse mis manos sobre la nina y oré y le toqué su cuello. En el Espíritu vi un ángel del Señor halando la serpiente. Cuando él lo hizo, la cabeza de la niña estaba cayendo. Luego, el Señor dijo: *Ahora tú debes orar por el fortalecimiento del cuello y la cabeza de la niña.* La niña había tenido este padecimiento desde que nació y ahora tenía dos años de edad. Él dijo: *Ahora fortaleceré el cuello y la cabeza de la niña.* Oré y oré por la niña y la ungí con aceite. Antes de que el servicio terminara, la madre comenzó a saltar y a gritar porque había notada que la niña se miraba mejor y comenzado a ser capaz de sostener su cabecita levantada.

Espaldas restauradas

Estos milagros conmueven mi alma. He visto toda clase de sanidades, incluyendo sanidades de muchos problemas de espaldas. He orado por personas cuyas piernas les han crecido dos o tres pulgadas. Un hombre no podía doblarse por más de veinte años. Oramos y Jesús sanó su espalda.

Un hombre llamado Ed me escribió:

> Usted oro por la parte inferior de mi espalda y ayer y hoy he estado 100 por ciento libre de dolor. He sido sanado por la sangre de Jesús. Hoy nadé en la piscina y he tenido un gran día. Le he alabado a Él todo el día y agradecido por bendecirme y sanar mi espalda.

El Obispo Bloomer da el siguiente relato de cuando su madre fue sanada de un severo dolor de espalda después de dudar del poder sanador de Dios.

"Fui introducido a la sanidad por mi madre. Los bien conocidos sanadores por fe del siglo veinte como Oral Roberts, A. A. Allen y Kathryn Kuhlman, ejercían una gran influencia en ella. Ella tenía retratos, revistas y periódicos engrapados de sus servicios, que ella admiraba.

"Sin embargo, antes de esto, por algún tiempo, ella había sufrido una condición mala de la espalda. Aunque no está clara para mí donde y cuando se lastimó, sé cuando yo crecía ella tenía dolores agudos y se quejaba de su lesión espalda todo el tiempo.

"Una tarde, cuando regresé a casa, ella estaba sentada frente al televisor, llorando. Le pregunté que le pasaba y me dijo que su espalda estaba bien. 'Mamá,' le pregunté, '¿te lastimaste? ¿Necesitamos llamar al doctor?'. Ella comenzó a explicar: 'No. Este es un fuego bueno. Es como un linimento'. El linimento era un tremendo ungüento con olor a menta, que la gente usaba para restregarse en sus espaldas y músculos para aliviar el dolor—parecido al Aspercreme de hoy. Ella continuó: 'Siento como una almohadilla que presiona contra mi espina dorsal, y se siente bien'. Luego, señalando a la pantalla de la televisión, dijo: 'creo que esa dama que está allí—mirándola a ella, George, me ha sanado'. Miré a 'esa dama' a quien mi madre se refería, era Kathryn Kuhlman.

"Yo estaba realmente asombrado con la declaración de mi madre, pues ella había pasado mucho tiempo anteriormente tratando de refutar las sanidades milagrosas, diciendo que eso era algo del pasado. Ella metería su nariz en la medicina moderna y en vez de recursos para el uso de tratamientos alternativas, como hierbas y ejercicios, para aliviar su dolor, aunque ningún visto bueno. Sin embargo, en esa maravillosa noche de sábado, mi madre recibió su sanidad, su milagro. Hubiera sido cualquier otra noche u otro día, ella quizás no hubiera estado viendo la televisión cristiana. Hubiera sido cualquier otra noche, Kathryn Kuhlman no hubiera estado en la televisión, pero Dios la usó como un vaso para sanar a mi madre. Él no usó a Kathryn Kuhlman sencillamente para la sanidad física del dolor crónico de mi madre, sino lo que es más importante, revelarse a Sí mismo a ella en la Persona del Señor Jesucristo.

"Yo también, pasaría por la experiencia de las sanidades. Muchas veces en mi vida, he visto el poder milagroso de sanidad de Dios. Cuando yo era joven, anduve metido en drogas y una noche mi corazón realmente detuvo por una casi fatal sobredosis. Excepto por la gracia de Dios, y por las oraciones de mi madre, yo hubiera muerto en la sala de emergencia. Pero Dios tenía otros planes para mi vida. Dios es real y Su poder es evidente".

¡Levantada de la muerte!

Sí, en nuestros días Dios levanta de los muertos. Hace algunos años, estaba predicando en un servicio en Illinois, y una mujer estaba sentada en la fila del frente mirando tiesa como una pared. Dios me reveló que ella estaba muerta, por lo que fui a donde su marido y le susurré: "Creo que su esposa está muerta". Él contestó: "Oh, ella siempre parece que estuviera. Aun dada las circunstancias, parecía divertido oírlo decir eso, pero yo insistía: "No, ella está muerta". Dios me reveló que ella está muerta". Así que, llamamos al 9-1-1 y cuando los paramédicos llegaron ella no tenía pulso. Ellos la pusieron en una camilla, y mientras la sacaban, ella se sentó. Miré al marido, quien de nuevo dijo: "Se lo dije, ella siempre luce como muerta". En mi corazón supe que Dios la había levantado de la muerte. Más tarde supimos que ella era diabética y había tomado mucha insulina antes del servicio provocando una sobredosis.

He aprendido que cuando Dios me está revelando algo debo tener fe y obedecer porque la vida de alguien pudiera depender de como reacciono.

Otra vez, yo estaba en la iglesia de mi suegra y me senté al lado de una anciana cuyo sobrino estaba predicando. De repente ella comenzó a deslizarse en la silla. *Oh, no,* pensé para mí misma. *Si esta mujer muere en la iglesia de mi suegra, todo mundo va a hablar de eso.* Ella se mantuvo tiesa y deslizándose por la silla. Traté de susurrarle algo al sobrino, pero él no me podía oír. Finalmente le grité hasta el púlpito: "¡Su tía ha muerto!".

Él saltó y comenzó a darle respiración boca a boca. Cuando él hizo eso, el más terrible olor llenó todo el santuario. Yo nunca antes había experimentado semejante olor. Mientras esperábamos que llegaran los paramédicos, le dije a su sobrino y a mi suegra: "Vamos a orar a Dios para que levante de la muerte a esta mujer porque de seguro ¡no está lista para encontrarse con el Señor!

Cuando los paramédicos llegaron ella no le pudieron encontrar el pulso. Mientras ellos la ponían en la camilla, yo no la podía dejar ir, ya que esta mujer de unos noventa y tantos años de edad, no estaba lista para encontrarse con el Señor. Yo insistía: "Su alma no está correcta con Dios. Tenemos que remitir sus pecados y entregarle su vida a Dios". Por lo que continué orando, y mientras ellos la estaban sacando en la camilla, ella movió su mano. Yo corrí inmediatamente hacia ella y le pregunté: "¿Está usted salva? Si no lo está, usted ser salva ahora mismo, y dar su vida a Dios". Hicimos la oración del pecador con ella, y se levantó de la camilla. Ella nos dijo: "¿Saben lo que ví cuando estuve muerta? Mi alma salió de mi cuerpo y flotó en toda esta sala y los miraba a todos ustedes cuando oraban por mí y me daban respiración boca a boca. . Cuando ustedes oraban a Dios para que mi alma regresa al cuerpo, fue como si yo no tuviera control sobre ella. Ella regresó a mi cuerpo". Esto es una prueba de una de las muchas cosas que Dios puede hacer.

Desde la cuna a la sepultura, Dios está con nosotros. Sea que lo crea o no, algunas veces la gente yace en su lecho de muerte son aquellos a quienes la gracia de Dios le esta siendo extendida porque Él quiere darles tiempo que pongan sus vidas en Él. Debemos aprender a tomar dominio sobre la muerte. Cuando oramos en el Espíritu Santo, Él conoce la oración perfecta que nosotros debemos hacer a una persona que está muriendo.

Usted tiene que tener fe en cualquiera área a la que Dios lo ha llamado porque significa servir las necesidades de los otros.

> *Pero a cada uno le es dada la manifestación del Espíritu para provecho. porque a éste es dada por el Espíritu palabra de sabiduría; a otro, palabra de ciencia según el mismo Espíritu; a otro, fe por el mismo Espíritu; y a otro, dones de sanidades por el mismo Espíritu. A otro, el hacer milagros; a otro, profecía; a otro, discernimiento de espíritus; a otro, diversos géneros de lenguas; y a otro, interpretación de lenguas.*
>
> (1 Corintios 12:7–10)

Si usted tiene cáncer u otra dolencia que es terminal, debe empezar a clamar por un milagro, no importa como parezca en lo natural. En una ocasión, viajando a ultramar me puse muy enferma. Estaba tan débil que escasamente me podía mover. Inmediatamente comencé a rechazar al diablo porque él estaba tratando de llenar mi mente con todo de informes malos cuando todavía no había ido a donde el médico para que me diera un diagnóstico. Cuando usted comienza a maldecir las obras de las tinieblas, los ángeles empiezan a trabajar.

Me hice la idea de que debía ir al médico. Los médicos me dieron un MRI y no encontraron nada malo en mí. Sin embargo, yo estaba todavía tan enferma que escasamente podía sostener levantada mi cabeza. Pasaron seis semanas. Luego, una noche, tuve un sueño en el cual Jesús estaba en la cruz. Lo ví que estaba siendo horadado en el costado, y después Él me habló en el sueño y dijo: "Por mis llagas tú fuiste curada". Me comenzó a explicar: "Hija, tú tienes hongos en los pulmones, y tienes que maldecirle en Mi nombre y Yo te sanaré. Así que, comencé a hacer lo del sueño. Maldije la enfermedad en el nombre de Jesús y puse mi confianza en Él para sanar. A la mañana me levanté con energías que no había experimentado en mucho tiempo. ¡Todas las debilidades se había ido completamente.

Preguntas acerca de la enfermedad física

Mucha gente cuando trata con enfermedades y dolencias hacen preguntas acerca de la sanidad física, y para terminar este capítulo me gustaría hacerles estas preguntas de interés.

1. ¿Deberíamos ir a los médicos y la medicina o deberíamos orar solamente?

Yo creo que Dios trabaja en conjunto con los médicos. Hay muchos médicos y enfermeras hoy llenos del Espíritu Santo.

Lucas, el autor del evangelio de Lucas y del libro de Hechos, era médico. Además, muchas vidas han sido salvadas por medio de la medicina. Personas que no conocen al Señor van donde los médicos y han sida sanadas de numerosas enfermedades. La mayoría de nosotros que conocemos al Señor también nos hemos beneficiados de los tratamientos médicos. Tenemos que usar el sentido práctico que Dios nos ha dado.

Sin embargo, yo siempre deposito mi confianza en Dios cuando tengo una necesidad física. Yo realmente creo que Dios es el principal sanador. *"Yo soy Jehová tu sanador"* (Éxodo 15:26). Por ejemplo: Fui a un medico cristiano, y él descubrió que yo tenía un bloqueo del corazón. Oramos y Dios me sanó de este bloqueo. Desde que esto pasó, otras personas que habían tenido corazones malos, han sido sanadas en mis reuniones.

2. *¿Las personas son sanadas solamente en cierta manera?*

Una cosa he aprendido a través de mis viajes ministeriales y ver obrar a Dios en las vidas de las personas, es nunca cuestionar a Dios. Solo cuando usted piensa que lo tiene a Él o que Él ya no realiza los milagros, Él muestra su gran labor.

Debemos abrir las varias vías en las cuales Dios obra. Él nos ama y quiere que conozcamos a profundad de Su interés por bienestar. Algunas veces, llegamos a ser complacientes en nuestras condiciones que dejamos de clamar el nombre de Jesús para que nos ayude.

Hace años, mientras estaba orando, tuve una visión del comedor del Señor. Al final de la mesa sentado un perfil del Señor. Había cientos de lugares en la mesa, pero solo dos asientos estaban ocupados. Todos los demás asientos estaban vacíos. El Señor me preguntó: "¿Donde está el resto de ellos?"

"¿Que, Señor?", pregunté.

"Ven y cena en la mesa del Maestro", fue Su única respuesta.

Entonces Él comenzó a recordarme de una visión anterior que Él me había mostrado. A la media noche yo había soñado con mi cocina—pero era una versión muy elegante y espectacular de la cocina. En lo natural, yo no tenía nada de las cosas que llenaban esta cocina. Sin embargo, la cocina tenía un juego de mesa que era para un rey.

Tuve este sueño noche tras noche. Donde el Señor decía: "Ven y cena en la mesa del Maestro. Ven y cena". Cuando me senté en la mesa, me mantuve observando las sillas vacías. Dentro de lo que parecía como un período de dos horas, solo unas diez personas se habían unido al Señor en Su mesa. Cuando llegaron a la mesa, el Señor les hablé y les dio instrucciones. El punto principal que yo recuerdo el Señor estaba transmitiendo era que nosotros debemos llevar las instrucciones individuales que nos ha dado a cada uno. En otras palabras, tenemos que abandonar las maneras tradicionales de hacer las cosas. Cualquier tradición que evite que busquemos a Dios de todo corazón y entremos en Su presencia, es un obstáculo. Los líderes religiosos que rechazaron a Jesús por hacer sanidades los sábados fueron un obstáculo mediante su auto impuesta tradición. (Véase Lucas 13:10–16). No deberíamos limitarnos en lo que respecta a buscar de Dios y a recibir de Él. Repito: Él puede venir cuando menos lo esperamos y de la manera que no hemos pensado Él se mostraría en nuestras vidas.

Además, en esa mesa, Dios nos aconsejó a todos nosotros, a caminar en los zapatos que Él puso en nuestros pies y no tratar de copiar la unción de alguien más. Por ejemplo: Una persona puede tener fe que Dios lo sanará por la imposición de manos, mientras que otro pudiera creer que Dios lo sanará por medio de un "milagro" de la medicina moderna. Como quiera que lo haga en la vida, hágalo en proporción a su fe. (Véase Romanos 12:6–8). Es más, no le ponga límites a Dios a medida que Él lo dirige: "*...Si tuvieres fe* *como un grano de mostaza, diréis a este monte: 'Pásate de aquí allá', y se pasará; y nada os será imposible"* (Mateo 17:20).

Dios puede sanar de muchas maneras. Cuando Él sanó al ciego, por ejemplo, Jesús escupió en la tierra y utilizó el lodo para untarlo en los ojos del hombre. (Véase Juan 9:1–7). ¿Puede usted imaginarse hoy en día a alguien escupiendo en la tierra y luego utilizar el lodo para untarlo en sus ojos? Su primer instinto puede ser retroceder. Sin embargo, debemos entender que Dios algunas veces sana de una manera no común para asombrar el pensamiento normal de la humanidad y que centran su atención en Él como Sanador. La sanidad, entonces, algunas veces causa conmoción.

> *Y* [Jesús] *le dijo* [al ciego]*: Ve a lavarte en el estanque de Siloé (que traducido es, Enviado). Fue entonces, y se lavó, y regresó viendo. Entonces los vecinos, y los que antes le habían visto que era ciego, decían: ¿No es éste el que sentaba y mendigaba? Unos decían: Él es; y otros: A él se parece. Él decía: Yo soy.*
> (Juan 9:7–9)

Yo creo que cuando el antiguo ciego dijo: "*Yo soy*" (versículo 9), fue porque no quería dejar nada a la especulación. Él estaba dejando claro que una vez había estado ciego pero que ahora era capaz de ver por la milagrosa obra de Dios.

Repito, a través de mis viajes, con frecuencia vea a Dios sanando a las personas por medios que no siempre coinciden con nuestra manera terrenal de pensar. Algunas veces, yo realmente veo ángeles de pie junto al pastor de una iglesia mientras él o ella ora por alguien. Puedo ver la Palabra de Dios saliendo de la boca del pastor como una espada. A medida que la persona por la que se ora está siendo ungida con aceite, la espada entra en esa persona y corta los puntos oscuros de la enfermedad del cuerpo individual.

Algunas personas pueden ser que sientan calor en sus cuerpos cuando están siendo sanados, pues Dios los está tocando. Ellos en realidad sienten el testimonio y el poder de Dios. Por eso es tan importante que creamos en Dios. ¿Puede usted imaginarse cuantos más pudieron haber sido sanados al mismo tiempo que el ciego fue sanado si tan solo hubieran creído? En vez de eso, los fariseos y otros perdieron el tiempo dudando de Jesús y llamándolo pecador ¡cuando ellos debieron haber creído en Él por el milagro!

La gente con frecuencia me pregunta cómo conseguir la unción sanadora de Dios. ¡Eso no es un gran secreto! Sea persistente en la oración y continúe buscando el rostro de Dios. Durante horas he buscado a Dios, arrodillada ante Su presencia, y dejando que Él dejando que me hable por medio de sueños y visiones. Hay muchas cosas que podríamos hacer por el Señor, si solo tomáramos el tiempo para buscarlo y escuchar lo que Él tiene que decir. Por ejemplo: Ha habido veces cuando he visitado hogares de convalecientes donde algunos de los ancianos pacientes estaban tan enfermos que había caído en coma. Si era tiempo para que sanaran o para irse con el Señor, aun así yo oré por ellos como si me escucharan, porque yo sabía que sus espíritus podían oír mis oraciones.

Fui a un hogar de descanso donde los mismos predicadores habían estado yendo durante diez años. Le pregunté a estos predicadores: ¿Por qué no conducen a estos ancianos al Señor?

Ellos contestaron: "No pueden oírla".

"Debemos creer en Dios y orar por ellos", les contesté.

Mientras orábamos por ellos, las lágrimas comenzaron a correr por sus mejillas de los ancianos que estaban en estado de coma, y los condujimos al Señor. No le ponga límites a Dios. *"Ahora vemos por espejo, oscuramente"* (1 Corintios 13:12), pero cuanto más venimos a conocer a Dios, nuestros entendimientos se iluminan. Desafortunadamente, nuestra manera convencional de pensar no nos alinea con la manifestación sobrenatural de Dios, desconocemos como asirnos de la Mano que tiene el poder para sanar. Solo recuerde, si Dios pudo levantar a Lázaro de la muerte, de seguro Él podrá nos podrá sanar de nuestras enfermedades y dolencias, La sanidad es una comisión dada por Dios. Él confirmó este hecho cuando envió a los discípulos a predicar con un propósito: *"Y yendo, predicad, diciendo: 'El reino de los cielos se ha acercado'. Sanad enfermos, limpiad leprosos, resucitad muertos, echad fuera demonios; de gracia recibisteis, dad de gracia"* (Mateo 10:7–8).

Un concepto equivocado en cuanto a la sanidad es que Dios siempre salva primero y después sana, sin embargo, Él también sana a las personas para demostrar Su poder para salvarlos y a otros. Las obras milagrosas de Dios hablan por sí mismas, fue por lo que Jesús dijo: *"De otra manera, creedme por las mismas obras"* (Juan 14:11).

¿Cuántas veces podría haber estado usted en la presencia de Dios cuando Él estaba listo para sanarlo y no lo supo? ¿Cuántas veces ha aprovechado usted la oportunidad de recibir un milagro por los obstáculos que continúan levantándose entre usted y Dios? Si usted en realidad sabía la respuesta a estas preguntas, pudo haber desmayado.

Dios nos visita a menudo, pero fallamos en reconocer Su presencia porque hemos sido enseñados que Él puede mostrarse en cierta manera y en cierto lugar. ¿Qué le parece si un mendigo se sienta junta a usted y le dice: "Dios me envió a que pusiera mis manos sobre ti para que sanes?" ¿Se fijaría usted en la apariencia exterior de esa persona y se retiraría, o sería capaz de sentir la presencia de Dios y recibir el milagro que le envió ese día? Todas estas son preguntas muy difíciles, pero que deben ser contestadas si intentamos estar listos para la obra de Dios en nuestras vidas. Cualquier enfermedad que usted tenga es de gran importancia para Dios. Él dijo en Juan 10:10 que Él vino para que tuviéramos vida *"y para que la tengan en abundancia"*. Dios quiere sobrepasar sus expectativas y derramar una bendición que no tendrá usted lugar para recibirla. (Véase Malaquías 3:10). Él quiere sanarlo a usted, bendecirlo y capacitarlo para que salga a imponer las manos sobre otros y verlos recuperarse de sus enfermedades. (Véase Marcos 16:18).

3. *¿Cuales la razón por las que algunas personas no son sanadas?*

La pregunta que muchos hacen es: ¿Por que algunas personas que tienen fe en Dios para sanar siguen enfermos, y aun mueren en vez de ser sanados, al igual que otros que parece tienen la misma fe?

"No lo sabemos. Existen muchos misterios que nosotros no los entendemos. No somos Dios ni tenemos todas las respuestas. Al final, Dios es el que tiene el control de nuestros destinos cuando venimos a la vida y morimos.

Prefiero que nos enfoquemos en lo que podría no estar sucediendo en relación a la sanidad, es mejor enfatizar el poder y la autoridad que Dios ha hecho accesible a nosotros para recibir sanidad. En la Palabra de Dios vemos que algunas personas tratan de interpretar el pensamiento de Dios. Pierden el tiempo culpando a las personas sobre el pecado o a sus padres, en vez de buscar la cura dada por Dios a ellos.

En Juan 9, los discípulos de Jesús le preguntaron acerca del ciego: "'*Rabí, ¿quién pecó, éste o sus padres, para que haya nacido ciego?'. Jesús les respondió: 'No es que pecó éste, ni sus padres, sino para que las obras de Dios se manifiesten en él'*" (versículos 2–3). Jesús continuó explicando que Su trabajo era hacer las obras Del que lo envió (véase el versículo 4). Podríamos interpretar que esta declaración que Jesús no quiso enredarse con trivialidades. Él tenía cosas más importantes que hacer, que era sanar enfermos, resucitar muertos y ser el sacrificio por los pecados del mundo.

Si acarreamos sobre nosotros por malos hábitos en la comida, o si las enfermedades nos atacan inexplicablemente, cuando estamos enfermos, lo único que queremos saber es *¿Como ser sanado de esta enfermedad?* La gente está enferma o muere no quieren discutir si están enfermos porque sus padres pecaron. En vez de eso, ellos buscan la misericordia de Dios y aliviarse. Pero equipándonos con los propios conocimientos bíblicos referentes a la sanidad, llegamos a estar mejor capacitados para asistir no solo a nosotros mismos sino también a otros que están necesitados.

Ninguno de nosotros conoce el tiempo señalado para partir con el Señor. *"Todo tiene su tiempo, y todo lo que se quiere debajo del solo tiene su hora. Tiempo de nacer, y tiempo de morir…tiempo de matar, y tiempo de curar"* (Eclesiastés 3:1–3). Aunque hemos visto que hay ocasiones cuando Dios resucita a personas de los muertos, hay otras ocasiones cuando, sin importar cuán duro oremos, las personas por las que oramos no se levantan en esta vida.

Sin embargo, esto no significa que no debemos orar por la completa sanidad. Dios nos anima e impulsa para que busquemos Su rostro, no solamente para entender Su voluntad, sino también para recibir los deseos de nuestros corazones: *"Deléitate asimismo en Jehová, y Él te concederá las peticiones de tu corazón"* (Salmo 37:4).

De igual manera, a veces Dios sana instantáneamente y a veces a través de un proceso. Antes de ser sanada, tuve un bloqueo del corazón durante dos años. Yo no tengo todas las respuestas, y tampoco sé realmente por qué Dios no me sanó desde el principio. Pienso que eso es un asunto de Dios. Sabemos que por su llaga fuimos nosotros curados. Vimos milagros como los compartidos en este libro. Así que he aprendido a confiar ciegamente en el Señor en todo. He aprendido a reclinarme en Él y creo que Él está justo a tiempo.

4. *¿Los pecados de las personas causan sus enfermedades?*

Jesús le dijo al minusválido a quien lo había sanado en el estanque de Betesda: *"Mira, has sido sanado; no piques más, para que no te venga una cosa peor"* (Juan 5:14). Hay ocasiones cuando el pecado causa la enfermedad u otra forma de problemas en la vida. En general, la enfermedad y la muerte son el resultado del pecado. (Véase Romanos 5:12–14). En el Antiguo Testamento, Dios hizo uso de la enfermedad para castigar a los israelitas por su desobediencia y para hacerlos volverse a Él. (Véase Números 21:5–9). Sin embargo, Debemos ser cuidadosos de no pronosticar que ciertas enfermedades fueron causadas por pecados específicos, También debemos comprender que quienes están enfermos no siempre están así por causa de pecado. Uno de las más grandes equivocaciones concerniente a la sanidad es que los que necesitan de un milagro pudieron haber traído de alguna manera la enfermedad sobre ellos. Repito, como lo indica Juan 9, este no es siempre el caso:

> *Al pasar Jesús, vio a un hombre ciego de nacimiento. Y le preguntaron sus discípulos, diciendo: Rabí, ¿quién pecó, éste o sus padres, para que haya nacido ciego? Respondió Jesús: No es que pecó éste, ni sus padres, sino para que las obras de Dios se manifiesten en él.* (Juan 9:1–3)

Los discípulos estaban fijos en el pecado, cuando en vez de eso, ellos debieron haberse enfocado en la oportunidad para testificar a los espectadores del milagroso poder de Dios.

La pregunta que siempre se hace es: *¿Por qué le suceden malas cosas a las personas buenas?* La Palabra del Señor declara que en esta vida, todos atravesamos por pruebas y tribulaciones, pero que Dios es fiel para librarnos de todas. "*En el mundo tendréis aflicción; pero confiad, yo he vencido al mundo*" (Juan 16:33). Siendo que Jesús venció y está en nosotros, entonces, nosotros también, tenemos el poder para vencer al "mundo", incluyendo las enfermedades y padecimientos.

Viaje a la Palabra y al Espíritu

1. ¿Hay alguna razón por la que piensa que Jesús no le sanaría?

2. ¿Hay algo que el Señor le esté pidiendo hacer, o alguien a quien tenga que perdonar (quizá a usted mismo), antes de poder recibir la sanidad de Dios?

Capítulo extraído del libro de Mary K. Baxter *Una Revelación Divina de la Sanidad* (New Kensington, PA: Whitaker House, 2010), capítulo 6: "Sanidad para el cuerpo".

Acerca de la autora

Desde las oficinas centrales de su ministerio, Divine Revelation, Inc., en Florida, la evangelista Mary K. Baxter recorre el mundo hablando de sus reveladoras visitas del Señor. Ha escrito varios libros, entre los que se incluyen *Una Revelación Divina del Infierno, Una Revelación Divina del Cielo, Una Revelación Divina del Reino Espiritual, Una Revelación Divina de Ángeles, Una Revelación Divina de la Guerra Espiritual, Una Revelación Divina de la Liberación, Una Revelación Divina del Oración*, y *El Poder de la Sangre*.

PREGUNTAS Y RESPUESTAS SOBRE LA SANIDAD DIVINA

Maria Woodworth-Etter

6

PREGUNTAS Y RESPUESTAS SOBRE LA SANIDAD DIVINA

Maria Woodworth-Etter

P. ¿Qué es sanidad divina?

R. Sanidad divina es el acto de la gracia de Dios, por el poder directo del Espíritu Santo, mediante el cual el cuerpo físico es librado de enfermedades y dolencias y restaurado para gozar de bienestar y salud.

P. ¿Tenemos alguna promesa en la Biblia que nos prometa que la sanidad divina tuvo alguna vez la intención de ser una bendición disponible para el pueblo de Dios?

R. Sí. Hay muchas promesas así. La encontramos dada al pueblo de Israel en forma de una promesa de pacto especial. *"Si oyeres atentamente la voz de Jehová tu Dios, e hicieres lo recto delante de sus ojos, y dieres oído a sus mandamientos, y guardares todos sus estatutos, ninguna enfermedad de las que envié a los egipcios te enviaré a ti; porque yo soy Jehová tu sanador"* (Éxodo 15:26). *"Mas a Jehová vuestro Dios serviréis, y él bendecirá tu pan y tus aguas; y yo quitaré toda enfermedad de en medio de ti"* (Éxodo 23:25).

P. ¿Demuestra la Biblia que alguna de las personas del pueblo de Dios disfrutara alguna vez de esta bendición?

R. Sí. Leemos que incluso antes de prometer esta bendición de pacto, la condición física del pueblo era perfecta, lo cual indica claramente que Dios tenía un interés especial en su salud. Había al menos dos millones y medio de personas en el Éxodo de Egipto, *"y no hubo en sus tribus enfermo"* (Salmos 105:37). Moisés disfrutó de esta bendición de una manera especial. (Véase Deuteronomio 34:7). También lo hizo Caleb en una experiencia poco común de preservación y salud a una avanzada edad. (Véase Josué 14:10–11). David personalmente conoció los beneficios y las bendiciones de la sanidad. (Véase Salmos 6:2; 30:2; 103:1–4). Siempre que Israel vivió según las condiciones del pacto, tuvieron todos los beneficios de la sanidad y la salud. (Véase Salmos 107:20; 2 Crónicas 30:20). Ezequías tuvo una experiencia personal del mismo tipo. (Véase 2 Reyes 20:1–5).

P. ¿Se prometió alguna vez esta bendición a alguien que no fuera judío?

R. Sí. Fue dada en profecía como una bendición de redención, la cual, junto con las demás bendiciones del evangelio mediante Cristo, se ofrece tanto a judíos como a gentiles. (Véase Gálatas 3:27–29).

P. ¿Qué dicen las profecías acerca de la sanidad divina?

R. Se dice más acerca de ello en las profecías que el tiempo que tenemos ahora para leer, pero citaré solo unos versículos, y el resto lo puede leer en sus ratos libres. *"Entonces los ojos de los ciegos serán abiertos, y los oídos de los sordos se abrirán. Entonces el cojo saltará como un ciervo, y cantará la lengua del mudo"* (Isaías 35:5–6). Jesús mismo hizo referencia a esta profecía en Mateo 11:5–6, donde se estaba cumpliendo todos los días: *"Los ciegos ven, los cojos andan, los leprosos son limpiados, los sordos oyen, los muertos son resucitados, y a los pobres es anunciado el evangelio"*. Otra profecía muy clara se encuentra en Isaías 53:4: *"Ciertamente llevó él nuestras enfermedades, y sufrió nuestros dolores"*. El cumplimiento de esta maravillosa voz de inspiración se encuentra en Mateo 8:17: *"El mismo tomó nuestras enfermedades, y llevó nuestras dolencias"*. Todos los traductores fiables y los eruditos hebreos más eminentes, como Barnes, Magee, Young y Leeser, admiten que Isaías 53:4 en su significado literal se corresponde exactamente con Mateo 8:17. Vemos, por lo tanto, que la última es una referencia directa a la primera. Así, la hermosa profecía de salvación y sanidad se encuentra en el siguiente versículo, Isaías 53:5: *"Mas él herido fue por nuestras rebeliones, molido por nuestros pecados; el castigo de nuestra paz fue sobre él, y por su llaga fuimos nosotros curados"*. Estas profecías señalan todas ellas a la obra redentora de Jesús, la cual tiene su centro en la cruz. El apóstol Pedro hace referencia a este versículo que acabamos de citar con las siguientes palabras: *"Quien llevó él mismo nuestros pecados en su cuerpo sobre el madero, para que nosotros, estando muertos a los pecados, vivamos a la justicia; y por cuya herida fuisteis sanados"* (1 Pedro 2:24). Los siguientes versículos le permitirán ver que se dice más en las profecías sobre la sanidad: Isaías 42:7; Isaías 61:1, cumplida en Lucas 4:18–21; profecía en Malaquías 4:2, cumplida en Mateo 4:16; Lucas 1:78–79. Estas se cumplen todas en la redención.

P. ¿Cree usted que la Biblia enseña la sanidad divina como una bendición de la redención?

R. Sí. ¿No ve lo claro que se expone esto en las profecías que acabamos de citar y en su cumplimiento? Jesús obró en cada área, en su vida, ministerio, muerte y resurrección, según el plan de redención. Sus palabras y obras son la expresión divina de este plan de redención, y podemos ver claramente que la sanidad para el cuerpo se basa sobre una igualdad con la sanidad para el alma. Ambas son obtenidas bajo los mismos términos: obediencia y fe.

P. ¿Puede una persona poseer la salvación sin sanidad?

R. Sí, puede. Aunque ambas se obtienen por fe, a la vez puede que ambas no se obtengan mediante el mismo acto de fe. Jesús será para nosotros todo lo que nuestra fe crea de Él.

P. ¿Sanó Jesús a todos?

R. Sí, todo aquel que acudió a Él en fe. Lea Mateo 4:23–24 y Mateo 12–15.

P. Pero no parecían tener mucha fe, ¿no es cierto?

R. Sí. Si usted lee las citas recién mencionadas, observará que la gente acudía a Él para ser sanada y seguirle. En Nazaret, su propia ciudad, donde había crecido, no pudo hacer grandes obras entre ellos, *"por su incredulidad"* (Mateo 13:58). En Capernaúm, donde se produjeron algunas de las sanidades más destacables, la gente creía. De diecinueve de los casos de sanidad individuales más prominentes en el ministerio de Cristo y los apóstoles, hay doce donde se habla de su fe. El resto se mencionan de forma suficientemente clara para mostrar que la fe produjo la sanidad en todos los casos.

P. ¿No sanó Jesús de forma arbitraria, con el único propósito de establecer su divinidad?

R. No. Sanó según la ley de redención y por su gran compasión por una humanidad que sufría (Mateo 14:14).

P. ¿No cesó la sanidad divina cuando Jesús terminó su ministerio terrenal?

R. No. Se manifestó de forma aún más maravillosa en el ministerio de los apóstoles después del día de Pentecostés. Ver Hechos 5:12–16; 3:1–16; 14:8–10; 9:17–18; 8:6–8; 19:11–12; 14:19–20; 9:33–35; 36:42; 20:8–12: 28:3–6, 8. Esto demuestra claramente que la sanidad divina es una bendición de la redención para toda la dispensación del Espíritu Santo.

P. Pero se nos ha enseñado que fue solo para el comienzo de la dispensación del evangelio. ¿Qué hay de cierto?

R. La Biblia no enseña esa doctrina.

P. Pero sí enseña que *"mas cuando venga lo perfecto, entonces lo que es en parte se acabará"* (1 Corintios 13:10). ¿Qué ocurre con esto?

R. Este versículo no está hablando de la sanidad divina ni de ninguna bendición de la redención, diciendo que hayan desaparecido en esta dispensación. Si ha habido algún momento en esta dispensación en que se podía decir respecto a la plena posesión y manifestación de las bendiciones del evangelio, *"cuando venga lo perfecto"*, fue cuando el Espíritu Santo vino en Pentecostés. Pero después de esto vemos obras de salvación y sanidad poderosas, y no se acabaron en ningún sentido, sino que aumentaron grandemente. Así que se ve que el argumento de que "han desaparecido" no tiene base bíblica alguna. Mientras dure esta dispensación de la gracia, durarán los beneficios de la gracia y serán extendidos a *"el que quiera"* (Apocalipsis 22:17).

P. Bueno, entonces, ¿cuándo desapareció la sanidad divina?

R. En el diseño de Dios nunca ha desaparecido.

P. ¿Quiere decir que se perpetuó en la iglesia primitiva?

R. Ciertamente sí. La historia demuestra que durante varios siglos no hubo otra forma de sanidad que la iglesia utilizara.

P. Pero ¿qué ocurre después?

R. Justo lo que reemplazó a todas las demás verdades del evangelio: las supersticiones y la incredulidad de la apostasía. Pero, gracias a Dios, la oscuridad es pasado y *"el Sol de justicia... en sus alas traerá salvación"* (Malaquías 4:2) está brillando salvación y sanidad a todo aquel que abandona todas sus viejas doctrinas, credos y supersticiones y regresa al antiguo fundamento apostólico: la Palabra de Dios.

P. Pero ¿cómo puedo saber que la sanidad sigue siendo la voluntad de Dios?

R. Igual que puede saber que su voluntad es salvar: mediante su Palabra. Su Palabra es su voluntad.

P. Pero puede que su voluntad sea no sanarme.

R. Tiene que salirse de la Palabra de Dios para encontrar algún terreno firme para esa conclusión, porque no hay nada en la Biblia acerca de la sanidad sino lo que corresponde con nuestro bendito texto: "*Ciertamente llevó él nuestras enfermedades, y sufrió nuestros dolores*". La mayoría de personas que debaten que podría no ser la voluntad de Dios sanar están al mismo tiempo tomando medicinas y empleando todo medio humano posible para recuperarse. ¿Porqué ser tan incoherente? ¿Por qué luchar contra la voluntad de Dios? Si es su voluntad que usted no se ponga bien, entonces muera. Deje de luchar contra Dios.

R. Pero ¿no viene la enfermedad de parte de Dios como una bendición?

R. No. nunca viene de Dios salvo en un sentido permisivo, igual que la tentación viene a nosotros; y la enfermedad nunca es una bendición para nosotros salvo como cualquier otra tentación o prueba que se pueda considerar una bendición. La bendición está en la liberación y la sanidad. Cada persona que ha experimentado alguna vez el toque sanador de Dios sabe la bendición que llega al alma con ella. La enfermedad es una condición anormal del cuerpo y no puede ser una bendición de Dios.

P. Si no viene de Dios, entonces ¿de dónde viene?

R. Viene del diablo, y Jesús siempre la trató en su ministerio terrenal como una obra del diablo. La Palabra de Dios nos enseña claramente que el diablo es el autor de la enfermedad. Lea Juan 2:7; Lucas 3:16; Hechos 1:38.

P. Pero ¿no hay otros versículos que nos enseñen que la enfermedad viene de Dios?

R. Solo en un sentido permisivo.

R. ¿Nos enseña la Biblia que Dios quiere ser el Sanador de su pueblo sin usar la medicina?

R. Sí. En ningún lugar nos manda usar la medicina con oración y fe.

P. Pero ¿qué hay de los higos de Ezequías, el barro del ciego y el vino de Timoteo?

R. Es cierto que Isaías le dijo a Ezequías que tomase una masa de higos, pero eso no tiene nada que ver con las formas de sanidad del Nuevo Testamento. También es muy evidente que los higos no le sanaron, sino que Dios dijo: *"Yo te sano"* (2 Reyes 20:5). Jesús no usó el barro en los ojos del ciego por ningún poder curativo, porque Él mandó al hombre al instante que fuera a lavarse. Nadie ha oído que la ceguera de nacimiento se sane mediante el uso de barro como medicina ni antes ni después de esto. Es evidente que la saliva y el barro los usó Jesús como un requisito de sumisión y obediencia del ciego. La idea debió de haber sido repulsiva y humillante para él al aplicar el barro en sus ojos, pero como Naamán, se sometió, obedeció y recibió la bendición indescriptible de la sanidad. El vino se le recomendó a Timoteo como un ingrediente de su dieta y no sería objetable hoy, en su uso apropiado, bajo circunstancias similares.

P. ¿No se reconocen las medicinas en la Palabra de Dios?

R. Sí. Leamos cómo las reconoce. *"No hay para ti medicamentos eficaces"* (Jeremías 30:13); *"Por demás multiplicarás las medicinas"* (Jeremías 46:11); *"El corazón alegre constituye buen remedio* [con la idea de que el corazón alegre es mejor que la medicina]" (Proverbios 17:22); *"Y su fruto será para comer, y su hoja para medicina"* (Ezequiel 47:12). Esta última cita no se refiere a cualquier remedio natural, sino que es profético del árbol de la vida y la sanidad divina. (Véase Apocalipsis 22:2). Por lo tanto, vemos que la Palabra de Dios no otorga ningún valor intrínseco a la medicina.

P. ¿No es el ministerio de los médicos para el cuerpo diseñado por Dios, lo mismo que el ministerio del evangelio para el alma?

R. No. La mayor parte de los médicos de la tierra son personas no creyentes; muchos de ellos son infieles confesos y nunca fueron diseñados por Dios para administrar drogas y venenos a nadie, mucho menos al pueblo de Dios, cuyos cuerpos son los templos sagrados del Espíritu Santo. Los verdaderos ministros del evangelio son los ministros del alma y el cuerpo. *"Y saliendo, pasaban por todas las aldeas, anunciando el evangelio y sanando por todas partes"* (Lucas 9:6). *"Y ellos, saliendo, predicaron en todas partes, ayudándoles el Señor y confirmando la palabra con las señales que la seguían"* (Marcos 16:20).

P. Pero ¿no está reconocido en la Biblia el ministerio de los médicos?

R. Sí. Leamos cómo los reconoce. *"Porque ciertamente vosotros sois fraguadores de mentira; sois todos vosotros médicos nulos"* (Job 13:4). *"En el año treinta y nueve de su reinado, Asa enfermó gravemente de los pies, y en su enfermedad no buscó a Jehová, sino a los médicos"* (2 Crónicas 16:12). *"Y había sufrido mucho de muchos médicos, y gastado todo lo que tenía, y nada había aprovechado, antes le iba peor"* (Marcos 5:26). Estos versículos demuestran que la Biblia no da ningún reconocimiento favorable a los médicos.

P. ¿No era la unción con aceite el modo de medicina en tiempos bíblicos?

R. No. Aunque algunos tipos de aceite puede que tengan algún valor médico para algunos tipos de enfermedades, no estaba diseñado de manera alguna para algún uso conectado con la oración de fe a la hora de sanar a los enfermos. Si la unción fuera el modo de medicina, la iglesia no tendría necesidad de instrucción en cuanto a este asunto, porque hubiera sido una práctica común de los médicos en todo lugar. Si esta hubiera sido la idea del apóstol, entonces habría asignado la tarea de ungir a los doctores. "Los ancianos no son masajistas".

Viaje a la Palabra y al Espíritu

1. ¿Qué pensamientos le han impedido creer que Dios desea sanarle? Escríbalos y luego vuelva a leer este capítulo y/o su propia Biblia para encontrar versículos específicos que combatan esas dudas.

2. Basado en este capítulo, ¿cómo puede estar seguro de que Dios desea sanarle?

3. Ponga algo de música de adoración y pase un tiempo en oración. Imagine que Jesús está con usted y pídale que le dé una palabra directamente a su corazón.

Capítulo extraído del libro de Maria Woodworth-Etter *Signs and Wonders* (New Kensington, PA: Whitaker House, 1997), 184–189.

Acerca de la autora

A menudo descrita como la "Abuela del movimiento pentecostal", Maria Woodworth-Etter fue figura insigne del primer movimiento cristiano pentecostal y carismático.

Nacida en 1844 en Lisbon, Ohio, tuvo un ministerio que tocó a cientos de miles de personas, y mediante el poder de sus libros, incluso a millones. Miles de enfermos, cojos, poseídos y personas perdidas asistieron a sus reuniones llenas del Espíritu Santo, y muchos fueron sanados.

POR QUÉ ALGUNAS PERSONAS NO SON SANADAS

Randy Clark

7

POR QUÉ ALGUNAS PERSONAS NO SON SANADAS

Randy Clark

Algunas personas parecen tener una cantidad extrema de fe, y no son sanadas. Algunos dicen que la persona debe de tener pecados sin confesar en su vida; pero, para la gran mayoría, están tratando todo lo que pueden, y no son sanados. Esto pone una carga de culpa y condenación sobre ellos que no deberían llevar. Yo no sé la verdadera respuesta a por qué la gente no es sanada, o por qué pierde su sanidad. A veces, el equipo de oración no trató la raíz, y produjo un nuevo fruto. A veces, es un espíritu de aflicción, y no les dijimos que tienen autoridad y poder y pueden hablarle y decirle que se vaya y mantener su sanidad. O entraron en la incredulidad....

¿Por qué algunas personas son o no sanadas? No lo sé. Hay algo acerca de la soberanía que no entiendo. Sé que quienes creen que la sanidad está en la expiación ven a muchas más personas sanadas cuando oran.

Hay una conexión directa entre las maneras de Dios relacionadas con la salvación y con la sanidad. No todo el que oye el mensaje de salvación es salvo. No todo el que oye el mensaje de sanidad es sanado. No todos los que parecen haber sido salvos, en base al fruto postrero, realmente fueron salvos. No todo el que pensó que fue sanado al momento, tres o cuatro días después, realmente fue sanado o se mantuvo sano. No siempre entendemos por qué.

Dios nunca dijo que yo tuviera que entenderlo para hacerlo, para orar por ello, para creer en ello. Si mi fe depende de mi entendimiento, nunca llegaré muy lejos.

Les digo a las personas de nuestros equipos que estamos entrenando dos cosas que nunca quiero que hagan, y son decir a las personas que no fueron sanadas porque no tuvieron suficiente fe o decirles que no fueron sanados porque tienen pecado en sus vidas, porque esos son juicios, son acusaciones. Uno se alinea con Satanás, el acusador de los hermanos, en vez de con el Espíritu Santo, que está para ayudarnos. Aunque piense que esa persona necesita más fe, nunca le juzgue, sino anímele, intente hacer cosas con él o ella, ponerse a su lado y fortalecer su fe.

Viaje a la Palabra y al Espíritu

1. ¿Hay juicios que la gente ha dicho acerca de usted que le hayan hecho titubear en su creencia de que Dios puede sanarle? ¿Cuáles fueron?

2. Escriba una oración de perdón y bendición por aquellos que le han herido.

3. Pase un tiempo con el Señor y pídale que sane las heridas de juicio y acusación que otros hayan cometido contra usted. Después, renueve su fe en el amor de Dios y en su deseo de sanarle.

Capítulo basado en la enseñanza en video de Randy Clark "When Healing Doesn't Happen", http://www.xpmedia.com/video/1882/when-healing-doesnt-happen.

Acerca del autor

Randy Clark es el fundador de Global Awakening, un ministro de enseñanza, sanidad e impartición que intenta "entrenar, equipar y movilizar a personas de todas las edades, nacionalidades y trasfondos para reproducir la obra sobrenatural del Espíritu Santo... para cumplir la Gran Comisión". Para más información, por favor visite https://www.healingcertification.com y https://globalawakening.com.

SANIDAD Y SALVACIÓN EN EL NOMBRE DE JESÚS

Andrew Murray

8

SANIDAD Y SALVACIÓN EN EL NOMBRE DE JESÚS

Andrew Murray

"Y por la fe en su nombre, a éste, que vosotros veis y conocéis, le ha confirmado su nombre; y la fe que es por él ha dado a éste esta completa sanidad en presencia de todos vosotros".
—Hechos 3:16

"Sea notorio a todos vosotros, y a todo el pueblo de Israel, que en el nombre de Jesucristo de Nazaret, a quien vosotros crucificasteis y a quien Dios resucitó de los muertos, por él este hombre está en vuestra presencia sano... Y en ningún otro hay salvación; porque no hay otro nombre bajo el cielo, dado a los hombres, en que podamos ser salvos".
—Hechos 4:10, 12

Después de Pentecostés, el paralítico fue sanado por obra de Pedro y Juan en la puerta del templo. Fue *"en el nombre de Jesucristo de Nazaret"* que le dijeron: *"Levántate y anda"* (Hechos 3:6). En cuanto las personas en su asombro corrieron hacia ellos, Pedro declaró que fue el nombre de Jesús lo que había sanado completamente al hombre.

Como resultado de este milagro y del discurso de Pedro, muchas personas que habían oído la Palabra creyeron. (Véase Hechos 4:4). Al día siguiente, Pedro repitió estas palabras ante el sanedrín: *"En el nombre de Jesucristo de Nazaret... por él este hombre está en vuestra presencia sano"*; y luego añadió: *"Porque no hay otro nombre bajo el cielo... en quien podamos ser salvo"*. Esta afirmación de Pedro nos declara que el nombre de Jesús sana y salva. Tenemos aquí una enseñanza de máxima importancia para la sanidad divina.

Vemos que la sanidad y la salud forman parte de la salvación de Cristo. Pedro claramente dijo esto en su discurso ante el sanedrín cuando, tras haber hablado de la sanidad, inmediatamente pasó a hablar de la salvación en Cristo. En el cielo, incluso nuestros cuerpos tendrán su parte en la salvación. La salvación no estará completa hasta que nuestros cuerpos disfruten de la plena redención de Cristo. ¿No deberíamos creer en esta obra de redención aquí abajo? Incluso aquí en la tierra, la salud de nuestro cuerpo es un fruto de la salvación que Jesús adquirió por nosotros.

También vemos que la salud, como la salvación, ha de obtenerse por fe. La tendencia natural del hombre por naturaleza es obtener su propia salvación por sus obras, y la recibe por fe costándole mucho. Pero cuando se trata de la sanidad del cuerpo, le cuesta aún más conseguirla. Finalmente acepta la salvación mediante Cristo, porque no puede abrir la puerta del cielo por ningún otro medio. Pero es mucho más fácil para él aceptar los conocidos remedios para su cuerpo. ¿Por qué, entonces, debe buscar la sanidad divina?

Dichoso aquel que entiende que la voluntad de Dios es sanar, manifestar el poder de Jesús, y revelarnos su amor paternal.

También es su voluntad que ejerzamos y confirmemos nuestra fe, para demostrarnos el poder de la redención tanto en el cuerpo como en el alma. El cuerpo es parte de nuestro ser. Incluso el cuerpo ha sido salvado por Cristo. Por lo tanto, nuestro Padre desea manifestar el poder de la redención en nuestro cuerpo, y dejar que los hombres vean que Jesús vive. ¡Oh, creamos en el nombre de Jesús! ¿No fue en el nombre de Jesús que el paralítico recibió la salud perfecta? ¿Y no fueron las palabras *"tu fe te ha hecho salva"* (Marcos 5:34) pronunciadas cuando la mujer con el flujo de sangre fue sanada? Busquemos, entonces, obtener la sanidad divina.

Donde el Espíritu actúa con poder, produce sanidades divinas. Si alguna vez ha habido abundancia de milagros, fue en Pentecostés, porque la palabra de los apóstoles actuó poderosamente, y el derramamiento del Espíritu Santo fue grande. Bien, es precisamente porque el Espíritu actuó poderosamente que sus obras fueron tan visibles en el cuerpo. Si la sanidad divina se ve escasamente en nuestros días, no podemos atribuirlo a ninguna otra causa sino a que el Espíritu no actúa con poder. La incredulidad de la mundanalidad y la falta de celo entre creyentes detienen su obra. Las sanidades que Dios está dando aquí y allí son las señales iníciales de todas las gracias espirituales que se nos prometieron, y solo el Espíritu Santo revela lo todopoderoso que es el nombre de Jesús para provocar estas sanidades. Oremos fervientemente por el Espíritu Santo, pongámonos sin reservas bajo su dirección e intentemos estar firmes en nuestra fe en el nombre de Jesús, ya sea para predicar salvación o para la obra de sanidad.

Dios otorga la sanidad para glorificar el nombre de Jesús. Busquemos ser sanados por Jesús para que su nombre pueda ser glorificado. Es triste ver lo poco que se reconoce el poder de su nombre, lo poco que se usa en la predicación y la oración. Los tesoros de la gracia divina, de los cuales los cristianos se privan a sí mismos por su falta de fe y celo, están escondidos en el nombre de Jesús.

Es la voluntad de Dios glorificar a su Hijo en la iglesia, y lo hará dondequiera que encuentre fe. Ya sea entre creyentes o entre los paganos, Él está listo con virtud de lo alto para despertar conciencias y para llevar los corazones a la obediencia. Dios está listo para manifestar el poder de su Hijo y hacerlo de formas impactantes tanto en los cuerpos como en las almas. Creámoslo para nosotros mismos, y creámoslo para otros: para el círculo de creyentes que nos rodea y también para la iglesia en todo el mundo. Entreguémonos a creer con una fe firme en el poder del nombre de Jesús. Pidamos grandes cosas en su nombre, contando con su promesa, y veremos que Dios sigue haciendo maravillas en el nombre de su santo Hijo.

Viaje a la Palabra y al Espíritu

1. ¿Qué "tesoro de gracia divina" quiere pedirle a Dios?
2. Escriba qué le ha permitido descubrir (o redescubrir) este capítulo sobre el poder del nombre de Jesús.
3. Pase un tiempo con el Señor y pídale que le dé una visión de cómo sería su vida sin la enfermedad o la dolencia. Piense en cómo se sentiría si Jesús de repente le dijera: "Yo soy el Señor tu sanador. Sé sano", y fuera sanado al instante.

Capítulo extraído del libro de Andrew Murray *Divine Healing* (New Kensington, PA: Whitaker House, 1982), capítulo 4, "Health and Salvation by the Name of Jesus".

Acerca del autor

El pastor y escritor sudafricano Andrew Murray (1828–1917) fue un escritor asombrosamente prolífico. Murray comenzó escribiendo sobre la vida cristiana para su congregación como una extensión de su obra pastoral local, pero pasó a ser internacionalmente reconocido por sus libros, como *With Christ in the School of Prayer* y *Abide in Christ*, que examinaron los corazones de los hombres y produjeron en ellos una profunda relación con Cristo.

SEA SANO

Marilyn Hickey

9

SEA SANO

Marilyn Hickey

El toque sobrenatural de Dios en la vida de un cristiano es su "campana de la comida" para el mundo; hace sonar la invitación: "Ven y cena". (Véase Isaías 55:1–3). Sí, es una bendición para el que la recibe, pero también le concede a la persona la oportunidad de ser un testimonio innegable para el incrédulo. El mundo debería vernos a cada uno de nosotros caminando en salud divina, prosperidad divina y poder y autoridad divina. Sería imposible para mí contar las veces que he visto sanidades milagrosas abrir la puerta de los corazones de las personas; y ellos también han entrado en el reino para sentarse y cenar con Jesús y probar las cosas buenas que Él tiene para ellos. (Véase Apocalipsis 3:20).

Estoy pensando ahora en la mujer que "sembró" una buena vida ante su esposo no creyente. Los milagros en su vida habían hecho sonar repetidas veces la campana de la comida, pero los sonidos habían caído en oídos sordos. Pasaron los años, y ella tuvo mucho tiempo para abandonar o para seguir sembrando semillas preciosas para una cosecha incluso mayor. Después, este hombre tuvo un severo ataque al corazón. Por supuesto, al diablo le gustaría haberle sacado del juego antes de llegar a la "base". Pero ¿sabe que Dios y su equipo son mejores jugando al juego de la vida que el diablo y su equipo jugando al juego de la muerte?

Este esposo incrédulo fue tocado por el poder milagroso de Dios de una forma tan drástica que solo unos pocos días después del ataque al corazón, los doctores se rascaban la cabeza de asombro. Todas las pruebas demostraron que el hombre tenía un corazón normal, como si nunca hubiera tenido un ataque al corazón. ¿No es eso típico del Señor? En este caso, Dios obró la sanidad en el incrédulo. El ataque al corazón captó la atención del hombre, y el milagro que experimentó en su propio cuerpo finalmente le hizo poner su atención en el evangelio. No podía negar su propia sanidad, y supo que Jesucristo había reclamado su vida. La esposa no solo vio el corazón de su propio esposo sanado, sino que también vio su espíritu tocado por el poder de Dios.

El sonido de la campana de la cena de Dios se puedo oír en toda la tierra. Dios no muestra parcialidad; Jesús murió por todo el mundo. (Véase Hechos 10:34–35). La mesa de Dios está preparada para toda familia y toda raza (véase Apocalipsis 5:9), y están acudiendo por miles a su banquete. En uno de mis viajes misioneros a Rusia, mi equipo ministerial y yo vimos a miles respondiendo a la campana de la cena de Dios al ser testigos de milagro tras milagro de sanidad. La unción era tan pesada que todos los miembros de nuestro equipo vieron a personas sanadas cuando el equipo oraba por ellos.

Tras una de las reuniones, un miembro del equipo acababa de salir del edificio cuando una señora rusa empujó a su hija delante de ella. Esta señora había oído la campana de la cena, y estaba decidida a que su hija también la oyera. Aunque estaba la barrera del lenguaje, la madre pudo explicarle a la mujer que su hija era sorda. La mujer oró, y al instante los pequeños oídos de la niña fueron abiertos, ¡podía oír! Una mujer en nuestro equipo fue sanada de unas venas varicosas terribles en sus piernas después de que otros tres miembros del equipo orasen por ella. Esta mujer, que hablaba ruso con fluidez, recibió su milagro cuando estaba "alimentando" con la Palabra de Dios a un grupo de rusos hambrientos. De nuevo, sonó la campana de la cena.

Dios orquestó otra situación milagrosa en este viaje a Rusia. Un hombre y su esposa fueron con regalos y dinero para una pareja rusa que nunca antes habían visto. Unos amigos suyos les habían cargado con los regalos para el esposo y la mujer. Los dos rusos viajaron mil quinientos kilómetros hasta Moscú, donde estábamos nosotros, para recibir los regalos de América. El marido y la mujer fueron una audiencia cautivada en nuestra reunión, y ambos aceptaron a Jesús como su Salvador y Señor. Esta preciosa pareja recibió la mayor sanidad de todas: la sanidad de sus almas. Comparto esta historia para ilustrar lo infinitamente que Dios se interesa por todos nosotros. Ahora, esta familia rusa tiene el regalo de la salvación para compartir con sus amigos, y el regalo sigue dando fruto.

> *Toda buena dádiva y todo don perfecto desciende de lo alto, del Padre de las luces, en el cual no hay mudanza, ni sombra de variación.* (Santiago 1:17)

Todos nosotros en Cristo hemos recibido el poder para ser como nuestro Padre celestial. Como no hay sombra de variación en Él, no debería haber variación en nosotros, salvo estar continuamente cambiando para ser una imagen más perfecta de Jesús:

> *Por tanto, nosotros todos, mirando a cara descubierta como en un espejo la gloria del Señor, somos transformados de gloria en*

gloria en la misma imagen, como por el Espíritu del Señor.
(2 Corintios 3:18)

Cuando subimos al peldaño de la escalera de Dios marcado como "sanidad", el siguiente paso que damos debería ser un paso más arriba hacia la "salud". Usted nunca progresará hacia arriba si da un paso hacia atrás.

Cuando hemos recibido una sanidad, nunca es la intención de Dios que la perdamos. En la plenitud de la humanidad de Cristo, Él nos demostró que podemos caminar continuamente en victoria y salud mediante el poder del Espíritu Santo. Aunque Jesús fue tentado en todo lo que nosotros seremos tentados (véase Hebreos 2:1; 4:15–16), su vida terrenal fue una prueba continua de que nosotros también podemos vivir constantemente en la vida de Dios. No tenemos que estar bien hoy y enfermos mañana. Podemos ser invariables en el poder de la vida divina de Dios.

Tres aspectos únicos del poder sanador de Dios

Vea conmigo tres cosas que son únicas acerca del poder sanador de Dios.

El lugar geográfico no puede obstaculizarlo

Primero, el lugar geográfico no puede obstaculizar el poder de Dios para sanar. De nuevo, cuando Jesús sanó al siervo del centurión, el siervo no estaba ahí con Él. Jesús dijo la palabra, y el siervo fue sanado. Cuando Jesús dijo una palabra en Israel, la hija de una mujer fue sanada en Fenicia.... Salmos 107:20... dice que Dios envía su Palabra para sanar. Cada vez que hacemos una oración de sanidad por alguien que no está con nosotros, la Palabra es enviada para sanar. Podría añadir que el poder de Dios para sanar no es más fuerte en un lugar que en otro, simplemente por el lugar.

Tendemos a pensar que todo es mejor en América, pero quiero decirle que hay más gente sanada hoy en las naciones del Tercer Mundo que en Estados Unidos.

Jesús siempre conoce el resultado

Lo siguiente es que Jesús siempre conoce el final desde el principio; Él conoce el resultado de cada enfermedad. Jesús no se apresuró a ir a Betania cuando recibió la noticia de que Lázaro estaba muy enfermo. Esperó en Jerusalén hasta que supo por el Espíritu Santo que Lázaro ya no estaba enfermo, sino muerto. Esta fue una situación desgarradora para María y Marta, pero Jesús sabía que pronto se gozarían por un milagro mayor que la sanidad. ¡Jesús resucitó a su hermano de la muerte! (Véase Juan 11:1–45). Si permanecemos en la Palabra de Dios hasta ser convencidos por sus promesas, no tenemos que inquietarnos y ponernos nerviosos por el resultado final de un asunto difícil. Podemos saber que Dios quiere traer sanidad y victoria cada vez. Ese es siempre su propósito, y Él tiene el poder para hacer que suceda para los que confían en Él.

La sanidad de Jesús es completa

El tercer aspecto único de la sanidad del Señor es que es completa. Él no hace un trabajo a medias. Sin embargo, nosotros a veces recibimos sanidad por una cosa en nuestro cuerpo, mientras que otro problema físico parece persistir interminablemente. En algunos casos, parece mucho más fácil creer en la sanidad de cosas "pequeñas", mientras que las cosas "grandes" parecen fuera del alcance de nuestra fe. No es así como el Señor quiere que sea. En su ministerio terrenal, Él restauró a la gente; Él no les dejó parcialmente bien o bien en una parte de sus cuerpos y enfermos en otra parte.

Jesús sigue sanando hoy

Aunque hay una idea común en "partes" del cuerpo de Cristo de que Jesús no sana hoy, el Señor sigue sanando hoy a multitud de personas a su alrededor. Si los cuerpos humanos fueron sanados por completo por el toque de Jesús, estoy segura de que Dios no quiere que una parte del cuerpo de Cristo esté bien y otra enferma. Es una trágica ironía que haya "partes" del cuerpo de nuestro Señor que siguen enfermas por la ignorancia y la incredulidad. El Señor Jesús quiere tocar a todos los creyentes y hacerles estar completamente bien.

La sanidad no murió con los apóstoles, como algunos creen. Observe que muchas personas que fueron sanadas en el Nuevo Testamento no fueron sanadas por los apóstoles. Esteban y Felipe, que eran diáconos, hicieron grandes maravillas y milagros entre el pueblo. (Véase Hechos 6:8; 8:6–7). Un hombre en Damasco impuso sus manos sobre Pablo, y recuperó su vista. (Véase Hechos 9:10–19). Recuerde también que Pablo, que no era uno de los doce apóstoles originales, sanó a mucha gente, y no comenzó a sanar hasta que Jesús no hubo ascendido al cielo. (Véase, por ejemplo, Hechos 28:8–9).

Pedro declaró que nuestra sanidad fue comprada por las llagas (heridas) que Jesús llevó sobre sí en el Calvario. (Véase 1 Pedro 2:24). La obra consumada del Calvario permanece para siempre; y si Jesús es el mismo ayer, hoy y por siempre, ¡entonces usted y yo podemos ser sanados hoy por esas llagas!

Lo que impide que los americanos sean sanados

Ahora quiero examinar algunas cosas que impiden que los americanos sean sanados o que nos cuesta la sanidad después de haberla recibido. Recuerde: Dios no solo quiere que lo recibamos, sino que también quiere que lo *¡mantengamos!* Voy a tratar estrictamente con quienes viven en América, porque toda nuestra sociedad está siendo herida y dañada por malos pensamientos, actitudes y acciones. Yo llamo a esta situación "paganismo americano". Los paganos son personas irreligiosas o hedonistas (autoindulgentes hasta el extremo). En general, los americanos "hacen lo que quieren"; si nos hace sentir bien, lo hacemos, al margen de que le duela a alguien o no. Gloria a Dios que aún tenemos algunos cristianos "salados" que están preservando nuestra nación.

> *El corazón apacible es vida de la carne... En el corazón del prudente reposa la sabiduría; pero no es conocida en medio de los necios. La justicia engrandece a la nación; mas el pecado es afrenta de las naciones.* (Proverbios 14:30, 33–34)

La actitud de "Come, bebe y sé feliz, que mañana moriremos"

Está la actitud en nuestra cultura de que solo se es joven una vez, así que vive a lo GRANDE. Es la filosofía sin esperanza de la muchedumbre del "come, bebe y sé feliz, que mañana moriremos". (Véase Eclesiastés 8:15). Nuestras autopistas se han convertido en "mataderos" para el conductor borracho. Los americanos gastamos millones de dólares en comida basura, y decenas de millones de personas "juegan" en el día del Señor en vez de adorar en su casa.

Ahora bien, quiero hacer entender este asunto. Casi sin darnos cuenta, los cristianos también estamos empapados de estas actitudes. ¿Qué hay de las cantidades de comida basura, bebidas carbonatadas y calorías vacías que consumimos? ¿O qué hay de los "santos de sorbitos"? ¿Pensamos que si sabe bien, podemos ponerlo en nuestro cuerpo sin pagar las consecuencias? Los cuerpos cristianos no son inmunes a la enfermedad. ¿Qué hay de los tipos de programas de televisión y películas que vemos, o los libros y revistas que leemos? ¿Qué ve usted en el Internet? Permítame decirle, amigo: si lo único que entra es basura, solo saldrá basura. ¡Festejemos la vida y no la muerte! Recibimos solo un cuerpo en el que vivir esta vida, y un cuerpo usado para la autoindulgencia seguro que no estará lleno de salud.

El deseo de la gratificación instantánea

Otra actitud que ha invadido el pensamiento americano es que debemos tener una gratificación instantánea. No podemos esperar para nada. Queremos un servicio instantáneo, patatas instantáneas, café instantáneo y crédito instantáneo. Tenemos servicio de ventanas para el automóvil en los restaurantes de comida rápida y bancos, tenemos cajas rápidas en el supermercado, y tenemos hornos microondas para calentar nuestras comidas "preparadas". La lista de nuestros "servicios modernos" es interminable, pero apenas pensamos en ello mientras navegamos por la vida en el carril rápido. ¿No es todo eso lo que nos merecemos?

Veamos despacio nuestra sociedad "instantánea". Nuestra nación tiene una deuda de billones de dólares, varios de nuestros políticos han estado involucrados en varios escándalos, los bancos están cayendo, toda forma de empresa está yendo a la bancarrota, y las tarjetas de crédito han enviado a multitudes a una deuda increíble. Y estamos matando a los que aún no han nacido, que son el futuro de nuestra nación. ¿Dónde nos está llevando la gratificación instantánea? Sé que no todos estamos viviendo así, y yo ciertamente disfruto de mis comodidades modernas, pero la actitud de que debemos tener todo lo que queremos en el momento en que lo queremos es irreflexiva y necia. Nos lleva a sufrimientos y fracasos; lleva a la enfermedad y a la muerte, al menospreciar las vidas de otros, estresarnos en exceso y no cuidar debidamente de nuestro cuerpo, mente y espíritu.

El "complejo de víctima"

Los americanos también tienen la mala costumbre de culpar a algo o alguien de cada problema. No nos responsabilizamos de nuestros problemas. Es siempre la culpa de otro. América tiene un complejo de "víctima". "No estaría enfermo si no hubiera ocurrido esto", o: "No tendría estos problemas si hubiera recibido más amor en mi infancia", o: "Crecí en un hogar pobre, mis padres se divorciaron y mis maestros no me entendían". La psicología secular y la psiquiatría alimentan estas actitudes, pero a menudo no presentan soluciones positivas. Algunos abogados animan a personas egoístas a demandar cada caso posible, sea real o imaginario, para que sus clientes puedan tener lo que "merecen" y los abogados puedan llenar sus bolsillos.

¿Sabe dónde comenzó todo esto? Comenzó con la caída de la humanidad en el huerto del Edén. Adán culpó a Dios por darle a Eva, y Eva culpó a la serpiente por engañarla; pero Dios pidió responsabilidades a ambos por su problema del pecado. Me doy cuenta de que muchas personas están afectadas por las cosas que les han ocurrido, y mi corazón se duele por la gente herida. Sin embargo, hay solo una salida al dolor y el sufrimiento. La gente debe dejar de culpar, aceptar la responsabilidad de sus vidas y sus futuros y dejar el pasado a Jesús. Él es el Sanador, el único que puede sanar verdaderamente nuestra mente, nuestras emociones y nuestros cuerpos.

Un rechazo de todo lo que no llegamos a entender

Otra marca del paganismo americano es nuestra insistencia en todo lo lógico para la mente humana. Nos hemos vuelto tan intelectuales que si no entendemos algo, no lo creemos. Cuando no está en el ámbito de lo natural, donde podemos oírlo, verlo, olerlo, sentirlo o probarlo, simplemente rehusamos creerlo. Si nos resulta inexplicable, lo desechamos. Esto es ridículo. Si esperamos hasta saberlo todo, vamos a esperar mucho tiempo. Vamos a perdernos a Dios, y vamos a perdernos milagros. No se pierda su milagro de sanidad porque no entiende cómo lo hace Dios.

¿Cuántos doctores pueden explicar la esencia de la vida porque conocen las partes del cuerpo humano y cómo funcionan? Sin embargo, seguimos yendo a los doctores. ¿Cuántos astrónomos pueden explicar cómo se sostiene el mundo en su lugar porque pueden dibujar las galaxias? Sin embargo, ¡la precisión exacta del universo es milagrosa! ¿Puede decirle el evolucionista el origen de esa primera enzima o cieno que cree que dio comienzo al proceso de la vida? ¿Entienden los teólogos todo lo que hay en la Biblia? Claro que no. Ni tampoco usted o yo; pero la acepto como verdad, disfruto de sus bendiciones, y diariamente espero que el Señor abra mis ojos espirituales para ver mayores revelaciones de las verdades de su Libro vivo.

No hay mortal, por muy genio que sea, que pueda empezar a conocer la mente y los caminos de Dios. Incluso el menor de los pensamientos de Dios es mayor que cualquier pensamiento o imaginación humana, *"porque lo insensato de Dios es más sabio que los hombres, y lo débil de Dios es más fuerte que los hombres"* (1 Corintios 1:25). Sabemos que Dios no es necio o débil; pero con esta imposible comparación, deberíamos ver que su sabiduría y poder inconmensurable trascienden cualquier pensamiento o fuerza humana. A pesar de este hecho, el Señor promete poner su sabiduría y poder a funcionar por nosotros *"muchísimo más que todo lo que podamos imaginarnos o pedir"* (Efesios 3:20, NVI).

Cuando ponemos nuestra confianza en el Señor, Él puede levantarnos de lo natural y llevarnos a lo sobrenatural con un toque de su poder milagroso. ¿Qué diferencia marca el que no podamos entender las operaciones de Dios? Seguimos disfrutando de sus beneficios. El milagro de la sanidad es uno de esos beneficios. Dios ha puesto en el cuerpo humano la capacidad natural para sanarse a sí mismo de muchas enfermedades, de tal forma que incluso sin un milagro sobrenatural, su cuerpo es una máquina de sanidad milagrosa. No abuse de él.

> *Deje el impío su camino, y el hombre inicuo sus pensamientos, y vuélvase a Jehová, el cual tendrá de él misericordia, y al Dios nuestro, el cual será amplio en perdonar. Porque mis pensamientos no son vuestros pensamientos, ni vuestros caminos mis caminos, dijo Jehová. Como son más altos los cielos que la tierra, así son mis caminos más altos que vuestros caminos, y mis pensamientos más que vuestros pensamientos.*
>
> (Isaías 55:7–9)

Si intentamos conocerlo todo, eso nos va a sacar de la fe. No puedo explicar los milagros, pero cuando necesito uno, lo único que importa es si puedo recibirlo o no. No puedo permitirme perder la fe; eso es mucho peor que una "cara perdedora". No hay nadie que pueda explicar cómo desaparece el cáncer, cómo son reemplazados los discos en la columna, o cómo se alargan los brazos y piernas. Nadie puede explicar cómo un drogadicto o alcohólico es liberado al instante de esas terribles ataduras. Sin embargo, cualquiera que haya recibido alguna vez un milagro así no cuestiona que ocurrió.

Una vez, llamé a un joven de nuestra congregación para que me hablara de la sanidad de su rodilla. No le pedí que le contara a la congregación cómo sucedió el milagro, tan solo le pedí que compartiera su testimonio, y todos nos regocijamos con él. Ahora él puede caminar sin dolor y hace muchas cosas que antes no podía hacer. Este hombre no sabía cómo Dios había sanado su rodilla; tan solo apreciaba y disfrutaba de los beneficios. Durante este tiempo, estaba enseñando una serie sobre sanidad en nuestra iglesia, y vimos milagro tras milagro. No puedo explicar cómo los ojos, oídos y espaldas eran sanados; no puedo explicar cómo los tumores y verrugas desaparecían; pero sucedía. Hace años, mi espalda fue sanada cuando un evangelista oró por mí. Uno de mis brazos era más largo que el otro, pero cuando él oró, mis brazos estirados se emparejaron delante de mis ojos, y nunca he vuelto a tener el problema de espalda. Fue un milagro inexplicable.

Qué está produciendo que los americanos estén enfermos

Hemos visto algunos atributos y acciones que impiden que los americanos sean sanados. Ahora, es tiempo de ver con más detalle algunas de las cosas que producen enfermedad en los americanos y les mantienen así.

Comidas preparadas

Una de las cosas que está haciendo que los americanos se enfermen son nuestras "dietas de supermercado", una dieta que está llena de comidas preparadas. Los nutricionistas nos advierten de no comer el contenido de un paquete si no podemos pronunciar los ingredientes de la etiqueta. Gran parte de lo que adquirimos en el supermercado o bien está conservado, o teñido, o procesado. Algunas de esas cosas, ni siquiera los bichos las comen. ¿Por qué lo hacemos nosotros? No estamos a salvo ni siquiera en la sección de productos agrícolas; la fruta y la verdura han crecido en terrenos deficientes y rociados de pesticidas. Cuando tomamos el producto de la estantería, a menudo está teñido o encerado, y después, para añadir más insulto al daño, el tendero lo pone debajo de unas luces especiales para que tenga un aspecto más fresco y maravilloso.

Grasa, azúcar y comida basura

Por si eso no fuera poco, la mayoría de los americanos come demasiada grasa, azúcar y comida basura. Mire el carro de la compra de su vecina cuando esté esperando en la línea de caja. Es más, mire también el suyo. ¿Qué ve? Dulces, refrescos, productos de panadería y confitería, patatas fritas, salsas, cenas de televisión y cosas parecidas. Los americanos están viviendo de la "grasa de la tierra"; y como resultado, están sufriendo y muriendo de alta presión arterial, enfermedades del corazón, cáncer, diabetes y problemas de articulaciones.

Falta de ejercicio

¿Y qué del ejercicio? ¿Estamos quemando alguna de estas calorías grasas? La mayoría de nosotros estamos todo el día sentados en la oficina, en nuestro automóvil dondequiera que vamos, y llegamos a casa para comer y sentarnos frente al televisor toda la tarde. Al menos treinta minutos de ejercicio la mayoría de los días de la semana es lo que recomiendan los profesionales de la salud.

Consumo de alcohol y drogas

Después, está todo el consumo de alcohol que está destruyendo vidas. El alcohol puede llevar a disminuir las funciones mentales y destruir el hígado, los riñones y el corazón. En pocas palabras: puede destruir el cuerpo. El licor destruye en las carreteras y destruye en el hogar. Qué trágico es que tantas personas no puedan pasárselo bien o "encajar" en la élite social sin licor. Esta droga líquida ha capturado a miles en las garras de la adicción. Podría también mencionar la devastación que otras drogas están causando en nuestra sociedad.

Promiscuidad sexual

Si lo que los americanos comemos y bebemos no fuera suficientemente malo, lo que hacemos es igual de malo. La "revolución sexual" y sus legados han producido enfermedades de transmisión sexual que están creciendo vertiginosamente por toda nuestra nación. No conozco ninguna revolución que no haya costado vidas, ¿y usted? La nueva moralidad es simplemente el viejo pecado, y *"la paga del pecado es muerte"* (Romanos 6:23).

Estrés

Los que no somos sexualmente promiscuos no estamos exentos de culpa cuando se trata de dañar nuestro cuerpo. Nos ponemos bajo un estrés inmenso "para estar a la altura de los vecinos", aumentando nuestro capital, yendo en pos de carreras, preocupándonos, y haciendo todo lo demás que hacemos para añadir estrés a nuestra vida. Esto lleva al siguiente punto, que es trabajar sin descanso.

Adicción al trabajo

Somos una sociedad adicta al trabajo; es trabajo, trabajo, trabajo. Aunque muchas personas "trabajan sin descanso quemándose", están quemando también sus cuerpos.

Por el contrario, piense en la segunda generación de israelitas que entró en la Tierra Prometida. Ellos nacieron en el desierto y no podían empujar un carrito por el supermercado. Su dieta era maná para desayunar, maná para comer y maná para cenar. Dios les proveyó comida muy saludable, y proveyó agua refrescante que salía de la roca. Esos israelitas también hacían mucho ejercicio. *Caminaban* a todos los sitios donde iban; durante cuarenta años caminaron de Egipto a la periferia de Canaán y luego por todo el desierto. Cuando finalmente entraron en la tierra de la promesa, eran "esbeltos", bien preparados para el trabajo que tenían por delante. Comer bien, beber mucha agua, descansar lo suficiente y hacer ejercicio de forma regular hace que la gente esté "esbelta". Sin embargo, cuando usted camina por las calles de América hoy, no ve a los "esbeltos"; ve la grasa y la pereza.

Arriba tiene algunas de las principales cosas que los americanos estamos haciendo que nos perjudican y dañan físicamente. Todos queremos estar bien, pero también queremos hacer lo que nos venga en gana. La gente que está enferma viene para que oren por sanidad por ellos, y recibir así su milagro. Después, muchos de ellos salen y siguen comiendo mal, abusando del alcohol o maltratando sus cuerpos de alguna otra forma, y esperan mantener su sanidad. Sencillamente no funciona así. Todos, sin excepción, cosecharán las consecuencias de su estilo de vida. Cuando se rompen las reglas de la buena salud, el Señor no está obligado a restaurar o mantener la salud en aquel que abusa de su cuerpo.

Aunque siempre es voluntad de Dios y le agrada sanar a la gente, vemos ocasiones en la Biblia donde Dios no sanó. Revisemos esas ocasiones y decidamos por qué no se produjo la sanidad para poder entender mejor los principios de sanidad y salud para nuestra propia vida.

Estaba el caso del hijo enfermo del rey Jeroboam. Jeroboam sabía que estaba en problemas con el Señor, pero aun así esperaba que el profeta Ahías tuviera una buena palabra de parte de Dios. Sin embargo, no fue este el caso, y el niño murió. (Véase 1 Reyes 14:1–13). Había al menos una razón por la que el Señor retuvo su mano de sanidad... Él vio algo bueno en el niño. Dios no quería que este joven creciera en un entorno malo y de idolatría y se volviera como su padre. El amor de Dios ahorró al niño el sufrir tal destino. No olvide que el Señor llevó al niño a una existencia eterna muchísimo *mejor*. ¿Cuál fue el costo del pecado del rey? Fue la vida de uno de sus hijos, la pérdida del trono para sus descendientes y, en esencia, el final de las tribus del norte de Israel como reino. (Véase 1 Reyes 14:14–16).

También está la muerte del hijo del rey David, que nació de la relación adúltera de David con Betsabé. Este hombre engañó y asesinó por sus apetitos carnales, pero le costó la vida del pequeño príncipe. Como ve, ni tan siquiera los reyes pueden romper las reglas de Dios sin pagar las consecuencias. El pecado es pecado dondequiera que esté, y abre la puerta para los ataques satánicos. Sin embargo, David no se llenó de amargura contra Dios; en cambio, mejoró. Encontró consuelo en el conocimiento de que vería a su hijo inocente de nuevo en el paraíso, a pesar de su pecado. (Véase 2 Samuel 12:23). Debido al profundo arrepentimiento de David, le nació otro hijo a Betsabé que llegó a ser rey después de él. Salomón era ese hijo, y reinó en Israel en el pináculo de su historia.

Por último, vemos el caso de Giezi, el criado de Eliseo. Este hombre sirvió a su amo bien hasta que fue tentado por las riquezas de Naamán. Cuando Naamán fue sanado de lepra, quiso recompensar a Eliseo con dinero y vestimenta costosa. Eliseo rehusó el regalo del general sirio porque fue Dios el que le había sanado. Giezi, sin embargo, no podía dejar pasar esta oportunidad. Siguió a Naamán, pensando que Eliseo nunca se enteraría. Giezi le mintió a Naamán, diciéndole que Eliseo había cambiado de idea respecto al regalo, y Naamán le dio a Giezi parte de la plata y ropa. Para sorpresa de Giezi, Dios mostró al profeta lo que había hecho su siervo. ¿Con qué pagó Giezi las riquezas robadas? Pagó con su salud. La lepra de Naamán recayó sobre su propio cuerpo, y las Escrituras no dicen que Giezi se arrepintiera o que fuera sanado. (Véase 2 Reyes 5:20–27).

Una receta para una buena salud

Los anteriores son hechos que dan que pensar. Cada acción tiene una reacción correspondiente. No podemos pecar y abusar de nuestro cuerpo y no experimentar las consecuencias. Solo porque nos sintamos bien y parezca que gozamos de buena salud no significa que vayamos a quedarnos así. Si somos indulgentes con nuestros apetitos, pagaremos el precio; y no será solo en la caja registradora. Antes de que levante sus brazos a la desesperada, quiero darle una receta que puede seguir para asegurarse una buena salud. No es imposible, si se compromete con Dios y un buen estilo de vida.

La causa de comer bien no es algo utópico, ni tiene un costo prohibitivo. Gastará más en comida basura que en comida nutritiva. Comience leyendo las etiquetas, y coma mucho grano integral, fruta y verdura fresca. Puede comprar productos orgánicos. Prepare comidas usted mismo y elimine toda la grasa, azúcar y sal que le sea posible de su dieta. Escoja un vaso de agua en vez de una lata de refresco o de cerveza; el agua es el líquido más limpio que puede beber.

No se queje cuando menciono el ejercicio. Recuerde: la Biblia dice que el ejercicio corporal es bueno. (Véase 1 Timoteo 4:8). Ahora bien, sí dice que el ejercicio corporal solo aprovecha un poco, pero su doctor le dirá lo mismo. La gente no puede esperar estar en forma si solo se ejercita de vez en cuando. No creo que ninguno de nosotros coma solo una vez a la semana ni duerma solo una noche a la semana. El ejercicio es necesario para la buena salud. Cualquier programa de ejercicio debería incluir una cantidad razonable de ejercicio. No necesita un equipamiento caro; caminar es uno de los mejores ejercicios que hay, y la mayoría tenemos dos piernas. En años pasados, la gente hacía todo el ejercicio que necesitaba con el trabajo físico, e iba casi a todos los lugares caminando.

¿Qué ocurre con el descanso? No creo que sea imposible que el americano promedio tenga una cantidad de descanso adecuada. Dios sabe que el descanso es necesario para mantener un cuerpo saludable. En cada semana, el Señor proveyó un día de descanso para su pueblo. Éxodo 23:12 dice: "*Seis días trabajarás, y al séptimo día reposarás, para que descanse tu buey y tu asno, y tome refrigerio el hijo de tu sierva, y el extranjero*".

A pesar de tener una agenda muy ocupada, encuentro tiempo para descansar. Casi sin excepción, puedo dormir una siesta casi todos los días. Si trabajo hasta más tarde de lo habitual en la oficina, tengo un ratito a solas en el que tumbarme en el diván y descansar. Cuando estoy volando a un encuentro bíblico, duermo en el avión. Durante cada encuentro, busco tiempo cada día para descansar. Si estoy en el extranjero, no me olvido de mis siestas. He dormido en aeropuertos y en aviones, trenes y helicópteros. Puedo dormir en cualquier lugar, incluso en el suelo. ¿Cree que soy un bebé? Bueno, he aprendido que para mantener el ritmo que llevo y estar fresca y alerta para ministrar a la gente, debo incluir el descanso en mi agenda. No creo que su cuerpo sea muy distinto al mío.

Si experimenta sistemáticamente noches en vela, el diablo le está robando de algo que Dios garantiza. (Véase Proverbios 3:21–24). Las noches en vela pueden ser el resultado de comer cosas incorrectas o comer demasiado cerca de la hora de acostarse, o de una actitud de temor, enojo o terror. Memorice versículos, medite en la Palabra, y ore durante esos periodos de noches en vela, y eche toda su ansiedad sobre Dios. Cuando medita en la Palabra de Dios, la Palabra le guiará, le guardará y le hablará cuando está despierto y cuando duerme. (Véase Proverbios 6:22).

Después, ¿cómo lidiar con el estrés? El estrés es algo espantoso. Y aunque quizá eliminemos algunas cosas de nuestra agenda, todos tenemos algo de estrés en nuestra vida. Tan solo la rutina de todos los días pone algo de estrés en nuestro cuerpo y mente. Si usted es adicto al trabajo, examine las cosas que le están llevando a trabajar en exceso. Debe escoger las actividades en su horario que tienen un valor real y significativo y eliminar las cosas que no lo tienen. No tiene que estar ocupado todo el tiempo para encontrar su autoestima. ¿Qué le quedará al final si se muere trabajando?

Dios también tiene una respuesta para el estrés. La lectura diaria de la Biblia y la oración pondrán su vida en la perspectiva adecuada y le ayudará a aliviar el estrés. No hay nada como pasar tiempo con el Señor para que su mente y su cuerpo descansen. Recuerde que tiene un Dios que le ama lo suficiente como para ordenar sus días. Si es un cristiano lleno del Espíritu Santo, tiene la morada del Espíritu Santo en usted que le capacita. Él está también con usted para guiarle y consolarle. Aprenda a confiar en Él. El Señor también le ha dado aproximadamente siete mil promesas en la Biblia para ayudarle con su día. No se estrese con la preocupación y el temor; confíe en Dios. No hay mejor receta para lidiar con el estrés.

Ahora tratemos el asunto del sexo. Muchos americanos piensan que están practicando el sexo "seguro", pero el único sexo seguro que hay es el celibato antes del matrimonio y la fidelidad en el matrimonio. Cualquier otro sexo es simplemente ilícito, y la persona que practica este tipo de estilo de vida está básicamente jugando a la ruleta rusa. La emocionante aventurita de la oficina, o cualquier otra aventura, les constará a los cónyuges más de lo que esperaban. Me duele mucho que nuestros adolescentes estén recibiendo la enseñanza de que está bien y es "seguro". Hoy día, la comunidad gay es todo menos alegre. Los homosexuales están muriendo de SIDA y muchos están infectados con el VIH, y a la vez muchos rehúsan admitir que su perversión es pecado. Dios ama a estas personas, pero ellos han abierto sus cuerpos a esas cosas contra las que Dios nos advierte. (Véase, por ejemplo, Romanos 1:20–27).

Algunas personas que creen en el poder milagroso y sobrenatural de Dios para sanar a los enfermos tienen la idea de que está mal ir al doctor. No encuentro esa idea en ningún lugar de la Biblia. En Mateo 9:12, Jesús dijo: *"Los sanos no tienen necesidad de médico, sino los enfermos"*. En otras palabras, si usted está enfermo, quizá necesite un médico. El amado médico Lucas a menudo era compañero de Pablo, pero no encuentro ningún lugar en donde

Pablo le reprendiera por su anterior ocupación. No hay nada de malo en tener revisiones periódicas o ver a un médico cuando esté enfermo. ¿Acaso el ver al doctor o tomar la medicina que le mande impedirá que Dios le sane si confía en Él? Vaya al doctor y consiga un diagnóstico de su enfermedad, y también asegúrese de orar por su sanidad. Después, puede regresar a su doctor con un cuerpo sano y testificarle del poder sanador de Dios.

Poder de autoridad y poder para hacer milagros

Para terminar, veamos la naturaleza del poder de Dios para sanar. Si usted leyera el Nuevo Testamento en griego, encontraría dos palabras principales usadas para describir el poder de Dios. Una de esas palabras es *exousia,* y significa poder de "autoridad". La otra palabra es *dunamis...* y significa poder "para hacer milagros".

La Palabra de Dios es la *exousia,* o autoridad de Dios, y tiene un gran poder. Cuando una persona cree y se apropia de la Palabra, puede mover y cambiar las circunstancias porque esta Palabra está respaldada por la autoridad del Dios todopoderoso. Aquel que hizo el universo es la autoridad más poderosa que existe. Cada cristiano tiene la autoridad de la Palabra de Dios para creer en sanidad. Sin esa autoridad, no tendríamos derecho a esperar sanidad.

Permítame ilustrar el poder de autoridad. Sé que usted tiene un respeto saludable por ese automóvil con las luces giratorias rojas y azules que lleva encima. ¿Por qué? Es porque el oficial de policía detrás del volante tiene la autoridad para detenerle e incomodarle la vida si ha quebrantado alguna norma de circulación. El oficial que lleva la placa no tiene que arrastrarle físicamente hasta un tribunal. Lo único que tiene que hacer es ponerle una multa, y usted o bien tendrá que pagarla por correo, o ir al juzgado para apelar el cargo, donde tendrá que pagar la multa si el juez finalmente no acepta su apelación. El vehículo del oficial y la placa que lleva el oficial son símbolos de la ley que refuerza su autoridad. La Palabra de Dios es la ley más alta del universo, y la defiende su poder de autoridad.

Ahora veamos el poder *dunamis*. Todos estamos familiarizados con lo que un poco de dinamita puede hacer en la ladera de una montaña. El poder explosivo de la dinamita romperá toneladas de roca y tierra. Cuando se lanzó la primera bomba atómica, todo el mundo vio la fuerza destructiva de separar el átomo. Desde entonces, ese asombroso poder ha mantenido a muchas personas en las naciones de todo el mundo en las garras del temor. Sin embargo, fue Dios quien creó el átomo. ¿Sabía que Hebreos 1:2–3 dice que Jesús creó el universo, y es Jesús quien *sustenta* todas las cosas con la Palabra de su poder *dunamis?* (Véase también Colosenses 1:7). El Señor tiene poder de "dinamita" listo para soltarlo de formas milagrosas para beneficio de toda la humanidad. El poder milagroso es más que capaz de salvar almas, transformar vidas y sanar cuerpos físicos.

La mayor dimensión del poder para obrar milagros de Dios fue liberada en el momento en que la vida venció a la muerte y Jesús resucitó de la muerte. Jesús da ese mismo poder a los creyentes cuando son bautizados con el Espíritu Santo. (Véase Hechos 1:8). Cada vez que alguien nace de nuevo, cada vez que alguien es sanado, el poder de Dios para obrar milagros queda demostrado. Sin embargo, el poder para obrar milagros actúa solo en unión con el poder de autoridad. Si esperamos que sucedan milagros, debemos alinearnos con la autoridad de Dios. Esa autoridad es su Palabra.

Jesús siempre ejercitó tanto el poder *exousia* como *dunamis* cuando sanó y liberó a los enfermos y endemoniados. La gente se maravillaba de su capacidad y decía: "*¿Qué palabra es esta, que con autoridad y poder manda a los espíritus inmundos, y salen?*" (Lucas

4:36). Un creyente lleno del Espíritu, nacido de nuevo, ha recibido esa misma capacidad. Tenemos tanto la autoridad de la Palabra de Dios como el poder para obrar milagros del Espíritu Santo. No permita que el diablo "le deje por los suelos". Vénzale con la Palabra y el Espíritu.

En Lucas 10:19, Jesús dio a los creyentes poder de autoridad para vencer los poderes malignos de Satanás cuando dijo: "*He aquí os doy potestad [exousia] de hollar serpientes y escorpiones, y sobre toda fuerza [dunamis] del enemigo, y nada os dañará*". Aunque Satanás también tiene un poder sobrenatural, él no puede ejercitar ese poder sobre los cristianos que saben cómo usar la Palabra de Dios contra él. Usted puede vencer a Satanás por la sangre del Cordero y por la palabra de su testimonio acerca de Jesús como Salvador, Redentor, Sanador y Libertador. (Véase Apocalipsis 12:11). Ponga la Palabra de Dios en su corazón y en su boca, y Satanás debe postrarse ante esa autoridad.

Tengo una ilustración práctica de *exousia* y *dunamis*. Cuando mis hijos eran pequeños, a veces les dejábamos con una cuidadora. Con mi palabra, le di a la cuidadora autoridad para cuidar de los niños mientras estábamos fuera. Sin embargo, si Mike o Sarah no la obedecían, yo tenía una varita. Esa varita era pequeña, pero era poderosa. Tenía un poder "*dunamis*" asombroso para mantener rectos a los dos. Ambos sabían que tanto Wally como yo teníamos la autoridad parental para usar la dinamita de esa pequeña vara.

A los hipócritas religiosos de su día, Jesús les dijo: "*Entonces respondiendo Jesús, les dijo: Erráis, ignorando las Escrituras y el poder [dunamis] de Dios*" (Mateo 22:29). Incluso hoy, los creyentes no entienden la necesidad de que la Palabra y el Espíritu trabajen en acuerdo. Los cristianos que son bautizados con el Espíritu Santo son entusiastas acerca del poder milagroso de Dios. Esperan ver *dunamis* en acción en sus vidas y en las vidas de otros, pero a menudo no están dispuestos a situarse bajo la autoridad de la

Palabra de Dios en asuntos como comer correctamente, descansar, etc. Su respuesta estándar es: "Yo ando en el Espíritu". Estas personas no creen que las reglas de Dios sean para ellos porque piensan que el Espíritu suplanta a la Palabra. Sin embargo, ¡la Palabra y el Espíritu siempre están de acuerdo! (Véase 1 Juan 5:7).

La otra cara de la moneda son los fundamentalistas que defienden la autoridad de la santa Palabra de Dios. Afirman creer la Biblia de pasta a pasta; incluso creen la pasta. Estas personas lucharán para preservar cada coma y cada punto; pero cuando se les habla de la sanidad, dicen: "La sanidad y los milagros no son para hoy". De nuevo, creen que Jesús autentificó su Persona y su ministerio con lo milagroso, pero que no hay necesidad de milagros hoy. Por lo tanto, se roban a sí mismos y a otros el poder milagroso de Dios y frustran la gracia de Dios. (Véase Gálatas 2:21). Estoy convencido de que ningún cristiano evitaría a propósito la gracia que fue comprada para nosotros en el Calvario.

Cuando los creyentes no permiten que la autoridad de la Palabra y el poder del Espíritu trabajen juntos, están desequilibrados. Quiero que piense en un ave. ¿Puede el ave levantar el vuelo sin dos alas? Obviamente no; ni tampoco puede esa ave mantener el vuelo sin el equilibrio y la fortaleza de ambas alas. Usted, como cristiano, nunca volará hasta las cosas de Dios a menos que esté equilibrado con la autoridad de la Palabra de Dios y el poder milagroso y sobrenatural del Espíritu Santo. Solo con este equilibrio puede cualquiera de nosotros trascender los elementos naturales de este mundo y elevarse a la vida sobrenatural de Dios.

Quiero hablarle de una mujer que conocía tanto la autoridad como el poder de Dios. Ejercía su fe en ambas áreas y voló más allá de las barreras de Satanás y de la enfermedad hasta el poder de sanidad de Jesús. Esta señora compartió su testimonio en una reunión. Anteriormente, había tenido un tumor en su espalda, el cual le habían extirpado, pero la evidencia del tumor había vuelto a aparecer. Durante la reunión, esta señora sintió el poder del Espíritu Santo en ella, y supo que el tumor había desaparecido. Momentos después, el Señor me mostró que alguien en la audiencia había sido sanado de un tumor en la espalda. Cuando pregunté por esta sanidad, la mujer respondió. Cuando su esposo examinó su espalda, todos los síntomas del tumor se habían ido, para no volver jamás. ¡Gloria al Señor!

Los cristianos que no están experimentando la sanidad, o los que pierden su sanidad, quizá no estén viviendo una vida equilibrada. Algunos quizá no están aceptando la realidad de los milagros, mientras que otros quizá no se sitúan bajo la autoridad de la Palabra de Dios. Primera de Corintios 3:16 declara que nuestro cuerpo es templo de Dios. Sin embargo, multitudes de cristianos ignoran la advertencia del versículo 17: *"Si alguno destruyere el templo de Dios, Dios le destruirá a él; porque el templo de Dios, el cual sois vosotros, santo es"*. No pensaríamos en ir a nuestras iglesias y destruirlas de alguna manera, como tirando comida y bebida al suelo. Sin embargo, continuamente abusamos de nuestro cuerpo con comida y bebida impropia, falta de descanso y ejercicio y otros malos hábitos que destruyen el cuerpo. *"No seas sabio en tu propia opinión; teme a Jehová, y apártate del mal; porque será medicina a tu cuerpo, y refrigerio para tus huesos"* (Proverbios 3:7–8).

Debemos obedecer la Palabra de Dios y cuidar de nuestro cuerpo correctamente si queremos experimentar sanidad y seguir caminando en salud. Cuando usted nació de nuevo, su cuerpo se convirtió en templo de Dios, y le pertenece a Él. Cuando usted abusa de su cuerpo, está hiriendo a Dios e impidiéndole activar continuamente la salud en su cuerpo. A menudo, la gente excusa sus malos hábitos diciendo que no pueden dejarlos. Sí, pueden. Simplemente es necesario someter nuestra voluntad a la voluntad de Dios echando nuestra ansiedad sobre Él. (Véase Santiago 4:7;

1 Pedro 5:7). Todo es posible para el que cree. (Véase Marcos 9:23). ¡Seamos todos campaneros para Dios!

Viaje a la Palabra y al Espíritu

1. ¿Qué cambios en el estilo de vida, como reducir el estrés o alterar su dieta, cree que Dios le está llamando a adoptar?

2. Si usted se enferma como resultado de la promiscuidad sexual o algún tipo de adicción, sepa que Jesús caminó por esta tierra diciéndole a la gente: "Te perdono", "Te sano", y "Vete y no peques más". Pídale a Dios que le revele su promesa de sanidad en la forma de un versículo específico, y luego declare ese versículo en voz alta. Él perdona todos sus pecados y sana todas sus dolencias.

3. Ponga algo de música de adoración y pase un tiempo en oración. Imagínese que Jesús está con usted en persona, y pídale que le hable directamente a su corazón.

Capítulo extraído del libro de Marilyn Hickey *Total Healing* (New Kensington, PA: Whitaker House, 1992, 2011), capítulo 10, "God's Dinner Bell Is Ringing".

Acerca de la autora

Como fundadora y presidenta de Marilyn Hickey Ministries, Marilyn está siendo usada por Dios para ayudar a cubrir la tierra con la Palabra. Su ministerio de enseñanza bíblica tiene un alcance internacional a través de la televisión, satélite, libros, CDs, DVDs, y reuniones de sanidad. Marilyn ha establecido un programa internacional de distribución de Biblias y comida, y está comprometida con el ministerio en el extranjero, a menudo llevando el evangelio a personas que nunca antes lo han oído. Ella y su difunto esposo, Wallace Hickey, fundaron el Orchard Road Christian Center en Greenwood Village, Colorado. Visite http://www.marilynandsarah.org/ para más información.

ASCENDER LOS LUGARES ALTOS

Jerame Nelson

10

ASCENDER LOS LUGARES ALTOS

Jerame Nelson

La razón por la que vemos tantos milagros y salvaciones a través de nosotros es porque siempre mantenemos el testimonio de Jesús delante de nosotros. Hablamos de las historias de Dios. Anticipamos que nuestra amistad con Jesús liberará mayores encuentros. Y de nuestra relación de intimidad, simplemente respondemos: "Señor, ¿qué quieres hacer?". Después decimos exactamente lo que Él dice. Hacemos exactamente lo que Él quiere hacer. Cuando entramos en esa realidad de intimidad y obediencia, el poder de Dios aparece regularmente.

Miranda y yo estábamos ministrando en una iglesia llamada Great Faith en Seúl, Corea; entre 3.000 y 4.000 coreanos hambrientos aparecían cada mañana y cada noche, y Dios también estaba apareciendo para encontrarse con ellos de formas poderosas. El primer día de las reuniones, diez oídos sordos en una fila se abrieron para oír completamente. Entre el tercer y el cuarto día, Dios me animó a dar un llamado al altar más concreto para las personas que tenían manos derechas paralizadas. Me preguntaba cuántas personas en la reunión podían encajar verdaderamente en esa descripción, y para sorpresa mía, siete personas pasaron al frente. Dios sanó a cinco de ellas, ahí mismo, en el acto. Parecía como si estuviésemos ascendiendo más alto con Dios, acercando más el cielo a la tierra según ministrábamos, experimentando milagros creativos en una cantidad y de una calidad que no habíamos visto antes. Algo era diferente. Y le pregunté al Señor qué estaba pasando.

Durante ese viaje, Dios me visitó en un sueño y me dio otra clave para abrir la futura revolución de amor.

En este sueño, yo estaba subiendo por una montaña gigante, observando la distancia según caminaba. Cuanto más alto subía por la montaña, más claro podía ver los valles. De algún modo supe que era el monte de Dios.

Después de un rato, miré hacia el valle y vi un gran tornado comenzando a girar a gran velocidad; por donde pasaba levantaba basura y escombros, y pude verlo soplar en el aire. A la vez, dejó algo extraño a su paso. Por todo lugar donde el tornado tocaba el suelo, dejaba una carretera de adoquines de oro detrás. Era tan intrigante que me sentí forzado a seguir subiendo para poder verlo mejor. La adrenalina comenzó a surgir, y prácticamente corrí montaña arriba. Para mi sorpresa, había una casa cerca de la cima de la montaña. Así que entré en la casa y miré por la ventana. La tormenta estaba soplando más cerca, y pude ver todo el escombro volando, pero supe en mi espíritu que era una tormenta buena. Por alguna razón, salí de la casa y fui corriendo por la puerta de atrás en dirección a la cima de la montaña. Como suele ocurrir habitualmente en los sueños, justo antes de ver lo que ocurrió después, me desperté.

Inmediatamente después de despertarme, el Señor me habló y me dijo: "Jerame, quiero enviar un mover poderoso del Espíritu a mi pueblo. Quiero liberar un mover poderoso del Espíritu que comenzará a afectar regiones enteras. Quiero liberar los vientos de cambio en regiones, en naciones, y cuando haga esto, va a sacar todas las cosas que impiden que la iglesia tenga la plenitud de Dios: todo el escombro, toda la basura, todo lo que el enemigo intenta tirar a nuestro paso para obstaculizarnos. Todos los obstáculos serán quitados, y habrá un camino despejado de la gloria extendida para que camine por ella el pueblo de Dios".

La montaña de Dios es un lugar solitario. Como Jacob, usted tendrá un lugar secreto donde luchar con ángeles y lo sobrenatural. Es el lugar de encuentro. Es un lugar de intimidad con Dios. Jesús a menudo dejó a sus seguidores y las cosas de este mundo para ascender la montaña para orar. Si Él necesitaba estar a solas con su Padre, cuánto más necesitamos nosotros apagar la televisión y los videojuegos y ascender la montaña para estar con Él.

Me acuerdo de la historia en la que Jesús alimentó a los cinco mil. Les llevó a la montaña y dio gracias allí. Cuando comenzó a pasar el pan, se multiplicó. El milagro ocurrió desde la cima. Jesús tenía un estilo de vida de estar a solas con su Padre, y por eso, siempre veía palabras y milagros sorprendentes liberados a través de Él. Justo después de que Jesús multiplicase el pan, envió a sus discípulos al otro lado de Galilea y dijo que se reuniría con ellos allí.

Despidió a sus discípulos, despidió a la gente que habían alimentado, y se fue a la montaña Él solo con Dios. En vez de esperar hasta que los discípulos hubieran remado la mitad del mar de Galilea, decidió caminar hacia ellos por el agua. Caminó desde la cima hasta el mar. La intimidad con Dios es igual a entrar en lo sobrenatural. Se acercó caminando a la barca y asustó a todos; pensaron que era un fantasma. Pero Pedro dijo: "Señor, si realmente eres tú, dime que vaya a ti". Dios quiere que le pidamos cosas. Dios quiere que le pidamos en base a la amistad que tenemos con Él.

Él quiere que digamos: "Señor, ¿cómo hago esto? ¿Cómo camino? ¿Cómo vivo en lo sobrenatural? ¿Cómo vivo en tu poder?". Pedro descubrió un principio que Dios quiere darnos. ¿Quiere saber por qué pudo caminar por el agua? Porque pidió. Y porque Dios se lo dijo primero, y dijo ven.

La intimidad con Dios y la obediencia a su voz causan la manifestación de lo sobrenatural. Si usted comienza a vivir un estilo de vida de ascender la montaña del Señor, un estilo de vida de oración e intimidad con Dios, eso cambiará quien es usted, y comenzará a caminar en lo sobrenatural.

Jesús caminaba con gran autoridad, sanando y liberando a la gente. De hecho, tenía más autoridad que cualquier otra persona de su tiempo, y la Biblia dice que echaba fuera demonios con una palabra. ¿Por qué podía hacer eso cuando nadie más podía? Porque estaba siendo lleno hasta el borde en la cima de la montaña con su Dios, y estaba teniendo encuentros con el Espíritu Santo donde Él comenzó a brillar en la gloria. Llevaba la autoridad del cielo que obtenía en la cima de la montaña hasta la tierra y la manifestaba. Nosotros también podemos. De hecho, Él está liberando su autoridad en usted y en mí para hacer mayores obras que las que hizo Jesús en la Biblia. Usted necesita pasar tiempo con Él, y luego lanzarse en fe.

Una vez estaba en Hudson's Hope, British Columbia, donde tenía programado ser parte de unas reuniones de avivamiento de tres días. Durante la primera noche de las reuniones, tenía una noche libre de intervenciones pero fui para apoyar a los demás oradores y escuchar lo que tenían que compartir. La adoración fue increíble, y había una presencia de Dios muy dulce en la sala. Recuerdo estar tan hambriento por Jesús, que lo único que quería hacer era adorarle. Cuando terminó la reunión, los organizadores de la conferencia me llevaron de regreso a la casa donde me estaba quedando y me dieron de comer, y decidí levantarme pronto, ya que tenía programado predicar el primero por la mañana. Caminando hacia mi cuarto, pensé en lo buena que fue la adoración y lo mucho que quería estar en la presencia de Dios. Decidí ponerme el iPod y adorar al Señor durante unos minutos mientras me preparaba para dormir. Así que cerré mis ojos, escuché mi iPod, y comencé a decirle al Señor lo hambriento que estaba de conocerle más. Después de unos dos minutos de solo alabar suavemente al Señor, sentí la presencia de Dios más dulce entrando en mi habitación. Después se intensificó. Abrí mis ojos, y para mi sorpresa, en lo natural podía ver lo que parecía ser una verdadera nube de gloria en mi habitación.

Rodeaba mi cama, y pude sentir a Dios muy fuertemente; era como si estuviera moviéndome en la gloria. Esta experiencia duró unos cinco minutos, y luego desapareció. Era la primera vez que veía una nube de gloria. En un estado de gran paz, me quedé dormido y me desperté al día siguiente para prepararme para las reuniones.

Esa mañana al comenzar a ministrar, el Señor se mostró con un gran poder. Un hombre que tenía una dolencia en la espalda por levantar una motonieve, fue instantáneamente sanado al orar por él; otro con artritis fue sanado; y la sordera se fue de los oídos de la gente. Después comenzaron a ocurrir milagros extraños sin que nadie impusiera manos sobre nadie. Una niña se acercó a mí y preguntó: "¿Puede Dios sanarme a mí también? Necesito sanidad en mis dientes". Ella sonrió y me enseñó su dentadura, que estaba muy mal. Entonces solo le dije: "En el nombre de Jesús, sé sana". Solo dije la frase. Ni tan siquiera le impuse manos. Ella se fue, y seguí orando por otros. Unos pocos minutos después se acercó a mí para enseñarme que sus dientes habían sido enderezados por completo. ¡Fue asombroso!

Durante la sesión de la noche mientras predicaba, el Señor me dijo que iba a comenzar a liberar soberanamente a personas en su gloria; me dijo que dejara de predicar y que soltase su presencia. Así que hice exactamente lo que me dijo.

Dejé de predicar y oré para que Dios liberase su gloria en la sala. Cuando hice eso, una mujer en el lado izquierdo de la plataforma se cayó al piso y comenzó a gritar a todo pulmón. Inmediatamente los pastores se acercaron corriendo a ella para ver qué le ocurría y controlar la situación. Mientras hacían eso, el Señor me dijo que les dijera que se detuvieran, y que dejaran que el Señor hiciera su obra en ella. Así que les conté lo que Dios me acababa de decir acerca de ella mientras la mujer siguió gritando durante unos minutos más. De repente, esta paz asombrosa descendió sobre ella, y se quedó totalmente tranquila. Le pregunté qué había pasado. Entonces comenzó a contarme que durante toda su vida había sido atacada por espíritus demoniacos de temor y ansiedad. Había ido a muchos especialistas en liberación y muchos grandes ministros habían orado por ella, y ninguno había podido ayudarla. Después, mientras orábamos y le pedíamos a Dios que liberase su gloria, entró en algo parecido a un trance, y le Señor le dio la revelación de por qué siempre le habían atacado y no podía detenerlo.

En la visión, vio a su abuela levantándola al cielo y dedicando su vida a Satanás. Cuando su abuela hizo eso, vio cadenas que comenzaban a atarla. La visión continuaba, ¡y entonces Jesús apareció con una espada y le cortó las cadenas! Fue liberada al instante después de esta experiencia en lo natural. Después, testificó a las personas que fue totalmente liberada del temor y la ansiedad, y de los ataques del enemigo por primera vez en toda su vida. Como ve, fue exactamente como el pasaje del que hablábamos antes donde los discípulos de Jesús no pudieron echar fuera un demonio de un niño, pero Jesús pudo porque acababa de estar en la montaña con su Padre.

Yo había tenido mi propio encuentro con la nube de la gloria de Dios, y los resultados de ese encuentro fueron ese milagro, señales y maravillas que habían ocurrido, e incluso esa mujer liberada de la opresión demoniaca. Necesitamos empezar a ascender el monte de Dios hasta entrar en contacto con la presencia manifiesta de Dios. Después, cuando descendemos de la montaña o de nuestro tiempo de oración con Dios, comenzamos a llevar la sustancia de la autoridad del cielo al ámbito natural de esta tierra y liberamos a otros de fortalezas demoniacas, enfermedad y dolencias. La autoridad se libera cuando usted se encuentra con la gloria de Dios.

No huérfanos

Dios quiere que entendamos que con Él todo es posible. Él quiere cambiar nuestra manera de pensar respecto a nuestra relación con Él. Demasiadas personas piensan que tienen que *hacer* algo para *conseguir* algo de Dios. Dios quiere aplastar la mentalidad de esforzarnos y liberar una mayor revelación de su gracia y amor. No tenemos que ganarnos nada de Dios porque Jesús fue a la cruz y declaró: "Consumado es". Dios ha nos ha dado todo lo relativo al reino. Efesios 2:6 dice que estamos sentados con Jesús en lugares celestiales. Dios nos dio un nuevo pacto, un pacto del amor de Dios. Muchos ni tan siquiera hemos entendido aún el hecho de que tenemos un buen Padre en el cielo que anhela dar buenos regalos a sus hijos.

No somos huérfanos que tienen que rogar por sus necesidades. No tenemos que intentar o esforzarnos por conseguir cosas.

Una mujer que trabaja con huérfanos tiene mucho que enseñarnos acerca del espíritu de un huérfano. Recuerdo escuchar a Heidi Baker hablar acerca de los niños en su orfanato en Mozambique. Cuando los niños llegan por primera vez al Children's Center, pobres, hambrientos y no habituados a comer regularmente, ven la comida preparada en la mesa y se vuelven locos. Se tiran a por ella y la devoran. Incluso un mes después, siguen saltando sobre ella como si fuera a ser su última comida. Al principio, Heidi le pidió al Señor que le dijera qué estaba pasando con los niños, y el Señor le explicó que aún no eran hijos e hijas. El Señor dijo que no entendían que la comida iba a estar ahí día tras día porque nunca comían regularmente. Devoraban todo lo que podían rápidamente por miedo, porque no sabían cuándo tendrían su próxima comida.

Ese es el espíritu de un huérfano. Cuando Heidi los ha tenido un par de meses, ellos saben que son hijos e hijas y que habrá una comida cada día. Cuando comienzan a tener una revelación del amor del Padre a través del ministerio de Rolland y Heidi Baker, saben que alguien, Papá y Mamá, va a cuidar de ellos.

Nosotros somos como los huérfanos de Mozambique. Muchos intentan tragar todo lo que puedan, solo para ellos. Dios quiere que dejemos de actuar como huérfanos corriendo de conferencia en conferencia intentando devorar todo lo que podamos. Él quiere encontrarse con usted en la mesa de su cocina, en su automóvil, en su habitación. Él quiere encontrarse con usted dondequiera que usted le deje encontrarse con usted. Dios especialmente quiere encontrarse con usted en la parte posterior del desierto donde siente que está solo.

Viaje a la Palabra y al Espíritu

1. El Padre quiere que usted reciba su amor en forma de sanidad. Pero si usted no se siente un hijo favorecido, ¿cómo puede recibirlo? Si se siente un "huérfano", pase un tiempo con el Señor y pídale que le ministre a su apartado corazón.

2. Ponga un poco de música instrumental de adoración y pase un tiempo en oración. Imagínese que está sentado junto a Jesús en la cima de una montaña, cuando una nube de gloria se posa sobre usted y Jesús comienza a hablarle sobre su sanidad. ¿Qué le está diciendo?

Capítulo extraído del libro de Jerame Nelson *Manifesting God's Love through Signs, Wonders, and Miracles: Discovering the Keys of the Kingdom* (Shippensburg, PA: Destiny Image Publishers, Inc., 2010), 74, 77–78, 86–87, 98–101, 120–121.

Acerca del autor

Jerame Nelson es un evangelista itinerante actual y orador popular, y vive en Pasadena, California. Jerame y su esposa, Miranda, fundaron Living at His Feet Ministries, que está dedicado a liberar la presencia y el poder de Dios para sanar y equipar a los santos por todo el mundo. Jerame es el autor de *Burning Ones* y varios otros libros orientados a la iglesia emergente de 20 o 30 años. Visite www.livingathisfeet.org para más información.

FE PARA LA RECUPERACIÓN

Smith Wigglesworth

11

FE PARA LA RECUPERACIÓN

Smith Wigglesworth

Creo que la Palabra de Dios es tan poderosa que puede transformar cualquier vida. Hay poder en la Palabra de Dios para hacer que lo que no existe aparezca. En las palabras que proceden de Sus labios hay un poder ejecutivo. El salmista nos dijo: *"Envió su palabra, y los sanó"* (Salmos 107:20). ¿Piensan ustedes que la Palabra ha disminuido de poder? Yo les digo que no. La Palabra de Dios puede hacer que ocurran en la actualidad cosas tal como sucedieron en el pasado.

El salmista dijo: *"Antes que fuera yo humillado, descarriado andaba; más ahora guardo tu palabra"* (Salmos 119:67). Y de nuevo: *"Bueno me es haber sido humillado, para que aprenda tus estatutos"* (versículo 71). Si nuestras aflicciones nos llevaran al lugar donde vemos que no podemos *"vivir sólo de pan, sino de toda palabra que sale de la boca de Dios"* (Mateo 4:4), ellas habrán servido un bendito propósito. Quiero que comprenda que hay una vida de pureza, una vida limpiada por medio de la Palabra que Él habló, en la cual, a través de la fe, usted puede glorificar a Dios con un cuerpo libre de enfermedades, así como con un espíritu libre de las ataduras de Satanás.

Alrededor de un estanque de Betesda yacía una multitud de personas enfermas—ciegos, cojos, paralizados—esperando el movimiento del agua (Véase Juan 5:2–4). ¿Los sanó Jesús a todos ellos? No. Él dejó sin sanar a muchos que estaban en el estanque. Indudablemente que muchos tenían sus ojos puestos en el estanque, pero no en Jesús. Así hay muchos hoy en día, que siempre han puesto su confianza en las cosas que pueden ver. Si ellos tan sólo dirigieran su mirada hacia Dios en vez de a las cosas naturales, cuán rápido serían ayudados.

El pan de sanidad

Surge entonces la siguiente pregunta: ¿La salvación y la sanidad son para todos? Son para todos los que continúen firmes y reclamen su porción. ¿Recuerdan ustedes el caso de la mujer siro-fenicia que quería que sacaran los demonios de su hija? Jesús le contestó: *"Deja primero que se sacien los hijos, porque no está bien tomar el pan de los hijos y echarlo a los perrillos"* (Marcos 7:27). Nótese que el Maestro se refiere a la sanidad y a la liberación como al *"pan de los hijos"*; por consiguiente, si usted es hijo de Dios, ciertamente pude pedir su porción.

La mujer siro-fenicia se había propuesto obtener del Señor lo que buscaba, y le dijo: *"Sí, Señor; pero aun los perrillos, debajo de la mesa comen de las migajas de los hijos"* (versículo 28). Jesús fue movido y vio la fe de esta mujer, y le dijo a ella: *"Por esta palabra, ve: el demonio ha salido de tu hija"* (versículo 29).

Actualmente, muchos hijos de Dios están rehusando su porción de salud comprada con la sangre de Cristo y la están botando. Mientras tanto, los pecadores están perseverando y recogiendo de debajo de la mesa, y, están encontrando sanidad, no solamente para sus cuerpos, sino también para sus espíritus y almas. La mujer siro-fenicia se fue a su casa y encontró que el demonio en realidad ya había salido de su hija. Hoy hay pan—hay vida y salud—para cada hijo de Dios por medio de Su poderosa Palabra.

La Palabra puede sacar cada enfermedad de su cuerpo. La sanidad es su porción en Cristo, quien en Sí mismo es nuestro pan, nuestra vida, nuestra salud, nuestro todo. Aunque usted esté hundido en el pecado, usted puede venir a Él en arrepentimiento, Él lo limpiará, lo perdonará y lo sanará. Sus palabras son espíritu y vida para aquellos que las reciban (Juan 6:63). Hay una promesa en el último versículo de Joel que dice: *"Y limpiaré la sangre de los que no había limpiado"* (Joel 3:21). Esto es como decir que Él proveerá nueva vida dentro de usted. La vida de Jesucristo, el Hijo de Dios, puede purificar tanto los corazones y mentes de las personas al punto de quedar completamente transformados—en su espíritu, alma y cuerpo.

Las personas alrededor del estanque de Betesda estaban enfermas y en particular un hombre que había estado allí por mucho tiempo. Su enfermedad había durado treinta y ocho años. Una y otra vez llegaba una oportunidad para ser sanado cuando el ángel revolvía las aguas, pero su corazón se entristecía al ver que otro se lanzaba a las aguas y era sanado antes que él. Pero un día Jesús estaba pasando por allí, y viéndole tendido en aquella mala condición, le preguntó: *"¿Quieres ser sano?"*. Jesús lo dijo, y Sus palabras permanecen desde la eternidad hasta la eternidad. Estas son Sus palabras para usted que hoy está siendo atribulado y probado. Usted puede decir, al igual que este pobre hombre enfermo: "He perdido todas las oportunidades hasta ahora". No importa. *"¿Quieres ser sano?"*.

¿Es la voluntad de Dios?

Visité a una mujer que por muchos años había estado sufriendo. Ella estaba toda torcida por el reumatismo y tenía dos años de estar en cama. Le pregunté: "¿Qué te hace estar aquí?". Ella respondió: "He llegado a la conclusión que tengo una espina en la carne". Yo le dije: "¿A qué grado maravilloso de justicia ha llegado usted como para tener una espina en la carne? ¿Tiene usted tanta abundancia de revelación divina que hay peligro de ser exaltada sobre medida?". (Véase 2 Corintios 12:7–9). Ella dijo: "Creo que es la voluntad de Dios que me provoca este sufrimiento". Le respondí: "Cree que es la voluntad de Dios que usted sufra, pero está tratando de quitarse ese sufrimiento tan rápido como pueda. Usted tiene botellas de medicina por todos lados. Saque su lugar oculto y confiese que es pecadora. Si se quitara su santurronería, Dios hará algo por usted. Quítese la idea de que es tan santa que Dios tiene que afligirla. El pecado es la causa de su enfermedad, no la rectitud. La enfermedad no es causada por la rectitud, sino el pecado".

Hay sanidad por medio de la sangre de Cristo y liberación para todo cautivo. Dios jamás quiere que Sus hijos vivan en miseria por causa de alguna aflicción que venga directamente del diablo. En el Calvario se hizo una expiación perfecta. Yo creo que Jesús llevó nuestros pecados y estoy libre de todos ellos. Soy justificado de todas las cosas si me atrevo a creer (Hechos 13:39). *"Él mismo tomó nuestras enfermedades, y llevó nuestras dolencias"* (Mateo 8:17) y si me atrevo a creer, puedo ser sanado.

Recuerde al impotente hombre en el estanque. Jesús le preguntó: *"¿Quieres ser sano?"* (Juan 5:6). Pero había dificultades en el camino. El hombre tenía un ojo puesto en el estanque y el otro ojo en Jesús. Si usted sólo mirara a Cristo y pusiera los dos ojos en Él, usted puede ser hecho completo—espíritu, alma y cuerpo. Es la promesa del Dios viviente que aquellos que crean sean justificados, sean hechos libres de todas las cosas (Hechos 13:39). Y *"si el Hijo os libertare, seréis verdaderamente libres"* (Juan 8:36).

Usted dice: "¡Si sólo pudiera creer!". Jesús entiende. Él sabía que el hombre minusválido había estado en esa condición por mucho tiempo. Él está lleno de compasión. Él conoce los problemas de los riñones; Él conoce las ulceraciones; Él conoce los problemas de neuralgia. No hay nada que Él no conozca. Él sólo quiere una oportunidad para presentarse a Sí ante usted compasivo y generoso, pero también quiere animarle a que crea en Él. Si tan sólo pudiera creer, puede ser salvo y sanado. Anímese a creer que Jesús fue herido por sus transgresiones, maltratado por sus iniquidades, castigado para que usted tuviera paz y que por Sus llagas hay sanidad para usted aquí y ahora (Isaías 53:5). Usted ha fallado porque no ha creído en Él. Clame a Él ahora: *"Creo; ayúdame a creer"* (Marcos 9:24).

Un día estaba en Long Beach, California. Me encontraba con un amigo y pasábamos por un hotel. Él me contó de un doctor allí que tenía una pierna enferma. El doctor tenía seis años de estar sufriendo y no podía caminar. Subimos a su habitación y encontramos a cuatro doctores allí. Yo le dije: "Bien, doctor, veo que está muy ocupado hoy. Volveré otro día". Otra vez estaba pasando por allí, y el Espíritu me dijo: "Ve a verlo". ¡Pobre doctor! Verdaderamente estaba mal. Él me dijo: "He estado de esta manera por seis años y nadie puede ayudarme". A lo que contesté: "Usted lo que necesita es al Dios Todopoderoso". Las personas tratan de poner remiendos a sus vidas, pero no pueden hacer nada sin Dios. Hablé un rato con él acerca del Señor y luego oré por él. Yo clamé: "En el nombre de Jesús, sal de él". El doctor gritó: "¡Se ha ido todo!".

¡Oh, si sólo conociéramos a Jesús! Un toque de su poder suple la necesidad de toda cosa fuera de lugar. El problema está en hacer que las personas crean en Él. La simplicidad de esta salvación es tan maravillosa. Un toque de fe viva en Él es todo lo que se requiere para recibir la totalidad de su porción.

Cerca de seis semanas más tarde estuve en Long Beach y los enfermos estaban llegando por oración. Entre aquellos que llenaban el pasillo estaba el doctor. Le dije: "¿Qué pasa ahora?" Me contestó: "Diabetes, pero esta noche todo estará bien. Sé que todo estará bien". No hay tal cosa como que el Señor no supla las necesidades de cada quien. No hay *quizás* o *talvez*; Sus promesas son *Yo lo haré. "Al que cree todo le es posible"* (Marcos 9:23). ¡Oh, el nombre de Jesús! Hay poder en ese nombre para suplir toda necesidad humana.

En esa reunión había un anciano que ayudaba a su hijo a llegar al altar. Él dijo: "Tiene convulsiones—muchas cada día". Luego había una mujer con cáncer. ¡Oh, lo que ha hecho el pecado! Leemos que cuando Dios sacó a Su pueblo de Egipto, *"no hubo en sus tribus enfermo"* (Salmos 105:37). ¡Ninguna enfermedad! ¡Todos fueron sanados por el poder de Dios! Yo creo que Dios quiere hoy un pueblo como ese.

Oré por la mujer con cáncer y ella dijo: "Sé que estoy libre y que Dios me ha libertado". Después me trajeron al muchacho de las convulsiones, y, en el nombre de Jesús le ordené a los espíritus malignos que salieran. Luego oré por el doctor. En la reunión de la noche siguiente, la casa se llenó de gente. Y llamé, "¿Qué pasó con la diabetes doctor?" Él respondió, "Se fue". Luego le dije al anciano, "¿Cómo le va a su hijo?". Él respondió: "No ha tenido convulsiones desde entonces". Tenemos un Dios que contesta las oraciones.

El pecado y la enfermedad

Jesús quiso que este hombre del estanque fuera un testimonio por siempre. Cuando él puso los dos ojos en Jesús, Él le dijo:

"Haz lo imposible. '*Levántate, toma tu lecho, y anda*'" (Juan 5:8). Una vez Jesús pidió a un hombre que tenía la mano seca que hiciera lo imposible—estirar su mano. El hombre hizo lo imposible. Él estiró su mano y le fue restaurada completamente. (Véase Mateo 12:10–13).

De igual modo, este hombre inválido comenzó a levantarse y encontró el poder de Dios moviéndose dentro de él. Enrolló su cama y empezó a caminar. Era día sábado, y había allí algunas personas que, porque pensaban más alto de un día que del Señor, empezaron a inquietar. Cuando el poder de Dios se manifiesta, una protesta siempre saldrá de algunos hipócritas. Jesús sabía todo lo que le iba a pasar al hombre y lo encontró de nuevo. Esta vez Él le dijo: "*Mira, has sido sanado; no peques más, para que no te venga alguna cosa peor*" (Juan 5:14).

Existe una estrecha relación entre el pecado y la enfermedad. ¿Cuántos saben que sus enfermedades son resultado directo del pecado? Espero que ninguno que pida oración esté viviendo en pecado. Pero si usted obedece a Dios y se arrepiente de sus pecados y los deja, Dios le tocará y ni sus enfermedades ni sus pecados permanecerán. "*Y la oración de fe salvará al enfermo, y el Señor lo levantará; y si hubiese cometido pecados, le serán perdonados*" (Santiago 5:15).

La fe es justamente la puerta por medio de la cual el Señor entra. No diga; "Fui salvo por fe" o "fui sanado por fe". La fe no sana ni salva. Dios sana y salva por medio de esa puerta abierta. Usted cree, y el poder de Cristo entra. La salvación y la sanidad son para la gloria de Dios. Yo estoy aquí porque Dios me sanó cuando estaba a punto de morir, y, he estado alrededor del mundo predicando esta redención completa, haciendo todo lo que puedo para brindar la gloria al maravilloso nombre de Aquel que me sanó.

"*No peques más, para que no te venga alguna cosa peor*" (Juan 5:14). El Señor nos contó de un lugar donde un espíritu maligno salió de un hombre. La casa que el espíritu maligno dejó fue barrida y puesta en orden, pero ella no recibió un nuevo ocupante. Aquel espíritu maligno con otros siete espíritus peores que él, regresaron a aquella casa desocupada, y *"el postrer estado de aquel hombre* [fue] *peor que el primero"* (Mateo 12:45).

El Señor no lo sana a usted para que vaya a un juego de béisbol o a un hipódromo. Él lo sana a usted para Su gloria para que desde ese momento su vida le glorifique a Él. Pero este hombre permaneció estacionario. Él no magnificó a Dios. Él no buscó ser lleno del Espíritu. Y su último estado vino a ser *"peor que el primero"*.

El Señor quiere limpiar los motivos y los deseos de nuestros corazones para que busquemos una cosa solamente, Su gloria. Un día fui a cierto lugar, y el Señor me dijo: "Esto es para Mi gloria". Un joven había estado enfermo por mucho tiempo. Había estado confinado a su cama en una condición totalmente de impotencia. Lo alimentaban con cuchara y nunca lo vestían. El clima estaba húmedo, por lo que le dije a las personas de la casa: "Quiero que la ropa de este joven cerca del fuego para que se ventile. Al principio ellos no notaron mi solicitud, pero como yo era persistente, al final ellos sacaron sus ropas. Cuando ya habían sido ventiladas, las metí en su habitación.

El Señor me dijo: "Tú no tienes nada que hacer ver en esto". Y solamente me postré en el piso. El Señor me mostró que Él iba a sacudir aquel lugar con Su gloria. La cama se sacudió. En el nombre de Jesús impuse mis manos en el joven y el poder cayó de tal manera que yo caí con mi rostro en el piso. Más o menos un cuarto de hora más tarde, el joven se levantó y caminó de arriba abajo alabando a Dios. Él mismo se vistió y luego salió a la sala donde estaban su padre y su madre. Él dijo: "Dios me ha sanado". El padre y la madre cayeron postrados en el piso mientras el poder de Dios se agitaba en aquella sala. Había una mujer en esa casa que había estado en un asilo por locura y su condición iba tan mal que ellos estaban por regresarla al asilo. Pero el poder de Dios la sanó también a ella.

El poder de Dios es el mismo hoy como lo fue en el pasado. Los hombres necesitan ser llevados a las sendas antiguas, a los tiempos antiguos de fe, para que crean en la Palabra de Dios y todo lo que hay en ella. "Así dice el Señor". El Espíritu del Señor se está moviendo en estos días. Dios se está acercando. Si ustedes quieren estar en la ola que se levanta, deben aceptar todo lo que Dios ha dicho.

"*¿Quieres ser sano?*" (Juan 5:6). Es Jesús el que hace esta pregunta. Dele a Él su respuesta. Él escuchará y Él responderá.

Viaje a la Palabra y al Espíritu

1. ¿Ha orado diciendo "Señor, creo; ayuda mi incredulidad"? Acepte la sanidad como su porción en Cristo, que es su salud y su vida, y persista para recibir su porción.

2. ¿Será sano? Decir sí y declarar las promesas bíblicas de Dios para la sanidad en voz alta activará su fe.

3. ¿Sabe que Dios ha perdonado sus pecados, y que por eso, usted puede perdonar a otros por los pecados que hayan cometido contra usted? El perdón rompe las cadenas de enfermedad. Pase un tiempo con el Señor rompiendo esas cadenas.

Capítulo extraído del libro de Smith Wigglesworth *Smith Wigglesworth Habla Acerca de la Sanidad* (New Kensington, PA: Whitaker House, 2008), capítulo 23, "¿Quiere usted ser sanado?".

Acerca del autor

Smith Wigglesworth (1859–1947), conocido como el Apóstol de Fe, tuvo un ministerio internacional evangelístico y de sanidad. Fontanero de profesión, Wigglesworth tuvo un drástico cambio de vida cuando, a los cuarenta y ocho años, fue bautizado en el Espíritu Santo y ungido con poder para predicar y sanar. Las señales y los prodigios caracterizaron su ministerio. Su fe inquebrantable inspiró a miles para recibir salvación, sanidad y la llenura del Espíritu Santo.

LAS TRES PARTES IMPLICADAS EN SU SANIDAD

Aimee Semple McPherson

12

LAS TRES PARTES IMPLICADAS EN SU SANIDAD

Aimee Semple McPherson

Hay tres partes implicadas en su sanidad divina: usted, el Señor Jesús y el que ora por usted. Pensemos en la parte que cada uno debe desempeñar para que se produzca la sanidad. La primera parte involucrada en su sanidad es, claro está, usted.

Usted

Si quiere quedar limpio y totalmente restaurado, tiene un papel que jugar para resistir la gran duda, los obstáculos y el materialismo del momento y tocar el borde del manto del Maestro. Con mucha frecuencia, las personas acuden a mí pidiendo oración solo con una fe pasiva y *esperan* sin decir ni una palabra que yo pueda sanarles o hacer toda la intercesión por ellos. Aunque puede que las manos de quienes les rodean estén levantadas en intercesión, sus rostros estén llenos de lágrimas y tengan una verdadera oración de fe en sus corazones, ellos permanecen ahí pasivos, sin un clamor real a Dios en su alma, esperando que nuestras oraciones les sanen y con la *esperanza* de que ocurra algo. Si son sanados, estarán agradecidos con los que oraron por ellos y dirán que *sin duda alguna tenían poder*. Si no nos sanados, se irán y criticarán la reunión, diciendo a la gente que *lo intentaron* o *que tenían un tratamiento* pero que no les funcionó.

Pero ¿no ve que las personas así no han hecho su parte en resistir hasta llegar a Jesús con una fe activa y una oración de fe? Usted puede *probar* los doctores, *probar* la medicina, *probar* la ciencia, *probar* los baños y tratamientos eléctricos, pero no puede *probar* a Jesucristo. Recuerde también que ni Cristo ni sus siervos que oran por usted dan "tratamientos". Esa palabra pertenece a los doctores o a la ciencia cristiana, pero no tiene lugar en la Biblia ni en esas reuniones de avivamiento. El hecho de que alguien use esta palabra en conexión con esto indicaría que su corazón está lejos de Dios y que la verdad de la expiación y el poder del Cordero inmolado del Calvario no están en él.

El que acude a pedir sanidad tiene una parte real y definida que jugar en su acercamiento al Gran Doctor.

Los discípulos tuvieron que llegar a tierra antes de poder calentarse ante el fuego que Jesús había encendido o participar del pez que había cocinado. Tuvieron que salir de su barca, ir a la orilla y acercarse a Jesús antes de poder recibir los bienes de su mano. Usted, también, debe salir de la barca en la que ha ido a "pescar" alegrías y ganancias mundanas, esforzándose toda la noche y no consiguiendo nada. Eche las redes a su lado derecho; pruebe la abundancia de su bondad, amor y poder; y después salte de la barca, como Pedro, cuando su Maestro dijo: "*Venid, comed*". (Véase Juan 21:3–12).

El hijo pródigo tuvo que ir a casa antes de poder recibir el beso de reconciliación, el anillo, la mejor ropa y los zapatos para sus pies errantes. El padre no podía llevarle la mejor ropa a su hijo cuando se sentaba entre los cerdos, comiendo lo mismo que ellos comían. El padre no podía reunirse con su hijo en el terreno de su prodigalidad; el hijo tuvo que regresar a casa de su padre y reunirse con él en su zona de justicia. Además, la mejor túnica se hubiera roto y ensuciado enseguida, desacreditando así el nombre de su padre, se habría roto en medio de su fiesta y su alegría. (Véase Lucas 15:11–24).

De igual modo, si usted quiere ser restaurado y recibir la mejor túnica y los regalos que el Padre celestial tiene para darle, salvación, sanidad y el bautismo del Espíritu Santo, a través del Señor Jesucristo, usted también debe hacer su parte, salir de la tierra de pecado y alejamiento (su alma está cansada de todo eso), y decir: "Me levantaré e iré". Vaya, clamando: "Padre, he pecado contra el cielo y contra ti". En medio de sus penitentes lágrimas, seguro verá al Padre corriendo para reunirse con usted con ropa, alimento y alegría. Así como el anillo que el Padre le dio a su hijo no tenía fin, sino que era un círculo cerrado, el amor, las promesas y la provisión de Cristo son eternas, porque Él es el mismo hoy y ayer y por siempre.

Naamán tuvo que bañarse siete veces en el Jordán para ser limpiado de su lepra. Tuvo que hacer su parte en obediencia y humildad. Si Naamán no hubiera hecho su parte, Dios no podría haber hecho la suya, y se habría ido sin ser limpiado. Naamán no se quedó a mitad de camino hacia el Jordán, sino que llegó hasta el Jordán y se bañó, no tres ni cuatro veces, sino siete. Si se hubiera metido las dos o tres primeras veces con la idea de un *tratamiento* en su mente, seguro que el pensamiento desapareció antes de meterse la séptima vez en obediencia y fe, porque salió sanado del todo. (Véase 2 Reyes 5:1–14).

Muchos acuden hoy en busca de sanidad como Naamán acudió a Eliseo. Piensan que se pueden sentar fuera en su carro o automóvil y que el siervo de Dios corra a ellos y les sane. ¡No, no! Ricos o pobres, esclavos o libres, todos deben ir por el mismo camino de humildad hasta el Jordán. No es el siervo sino el Maestro el que tiene el poder.

No se puede hablar demasiado ni enfatizar en exceso la importancia de la obra de preparación.

Las personas que acuden a ciegas, apresurándose a las reuniones, diciendo que se han enterado de que "hay aquí una mujer milagrosa que puede sanar a todos a la vez" y que quieren que les *dé un tratamiento* de una sola vez para poder subirse al siguiente tren para la ocupación y el placer, se desilusionan enseguida. En primer lugar, descubren que no hay ninguna "mujer milagrosa" aquí, solo un cuerpecito a quien el Señor ha llamado de un tarro lechero en una granja canadiense, pidiéndole que comparta las buenas nuevas de un Salvador que vive, y ama, y responde a las oraciones.

Después se les dice que se calmen y participen de las reuniones, como si fueran a algún gran hospital para una operación y se estuvieran preparando para ello durante días, obedeciendo cada orden. Así que se les dice que preparen su hogar antes de ir a la presencia de Jesús, el Gran Doctor. Se les recuerda que si corriesen a un hospital, sucios y polvorientos y manchados por el viaje, pidiendo que en ese instante se les realice una operación seria, para poder subirse al siguiente tren hacia su hogar, los doctores les explicarían que no están en condiciones de ir a la mesa de operaciones como están, para que llegue alguna infección y su postrer estado sea peor que el primero.

¡Qué limpios deben estar sus sistemas para poder subir a la mesa de operaciones! Entonces, qué limpios y puros deben estar sus corazones y sus vidas antes de acudir a pedir el toque sagrado y santo de Cristo sobre sus cuerpos mortales.

¡Qué bien tiene que bañarles la enfermera, qué estéril y blanca debe estar la bata con la que les viste antes de ser llevados a la mesa de operaciones! Qué puros, entonces, deben estar, espiritualmente lavados con la sangre de Jesús y vestidos con las túnicas blancas de justicia, debajo de la cual el corazón, la vida y el alma se vuelven agradables a sus ojos, antes de acudir a recibir sanidad.

Los resultados de esta preparación son evidentes por sí mismos. Son maravillosos. Los cánceres han desaparecido, los fibromas se han derretido como la nieve ante el sol, los bocios se han desinflado como un balón cuando se pincha, los miembros rígidos se pueden doblar, los ojos ciegos recuperan la vista, los oídos sordos se han destapado, los labios cerrados se han abierto y los brazos secos han cobrado vida y han crecido varios centímetros en una hora.

¿Es usted un verdadero cristiano, un seguidor del Cordero? ¿Ha nacido de nuevo? ¿Está tomando la cruz cada día, negándose a usted mismo y siguiéndole a Él? ¿Está contando su vida para Dios y las almas? Incluso cuando los cables de la conexión celestial están bien, debería inspeccionarlos cuidadosamente antes de acudir a recibir sanidad. Solo es necesario un trocito de papel en el enchufe de la conexión eléctrica para impedir que la luz brille. Solo es necesario un poco de duda, dureza, murmuración, crítica, rencor, desobediencia o un poco de envidia para impedir que fluya el bendito poder de Dios en su vida. Es algo muy sagrado pedir el toque divino de Jesús sobre estos cuerpos mortales que tenemos. No cabe duda de que el poder está en el generador o de que nuestra bombilla eléctrica necesita la corriente; pero, ¡asegúrese de que la conexión está bien!

"Sí, sí", oigo decir a alguien, "veo que tengo un verdadero papel que cumplir si quiero recibir mi sanidad, pero han pasado muchos años desde la última vez que fui a la iglesia o me he interesado de verdad por la religión; ¿qué debo hacer para ser sanado?".

Hermano, hermana, querido, confío en que el primer paso que dé sea el de enamorarse tanto de Jesús el crucificado que la sanidad de su cuerpo sea algo secundario. Busque primero el reino de Dios y su justicia, y todas estas cosas le serán añadidas. (Véase Mateo 6:33). Acuda al altar, póngase de rodillas hoy, arrepiéntase de sus pecados, acuda al Señor y busque la salvación.

"¡Oh, hermana, no en ese altar!", exclama alguien. "No aquí, donde soy tan conocido. La gente hablará de ello. Puedo orar mejor en mi propio cuarto junto a mi cama, estoy seguro".

Vaya, eso es justo lo que dijo Naamán: *"Abana y Farfar, ríos de Damasco, ¿no son mejores que todas las aguas de Israel? Si me lavare en ellos, ¿no seré también limpio?"* (2 Reyes 5:12). Sin embargo, esas aguas humildes y menospreciadas fueron las que sanaron al leproso, y ningunas otras. Usted ha intentado hacerlo a su propia manera y se ha hundido más en la tristeza; ¿por qué no acude como dice Dios, como el humilde nazareno que fue a la cruz por usted? Arrepiéntase de sus pecados con un piadoso pesar por el pecado. No se quede contemplando la superficie de las aguas, sino vaya a las profundidades.

"Busca mi rostro", dice el Salvador. Que su corazón responda: "Tu rostro buscaré, oh Jehová". (Véase Salmos 27:8). Oiga al Maestro decir dulcemente: "Acercaos a Dios, y él se acercará a vosotros". (Véase Santiago 4:8).

Cierto, Él ya está corriendo para encontrarse con usted con los brazos abiertos. "Mi pobre hijo cansado y azotado por el pecado", dice Él, "has estado vagando durante mucho, mucho tiempo. Has sido azotado por los espinos y golpeado por las rocas escarpadas. Ningún otro ha podido llenar el hambriento anhelo de tu corazón. Acércate más a mí, hijo. Dale la espalda al mundo, con su amargura y pecado. Acércate a mi costado herido y recuesta tu cabeza sobre mi pecho. Yo perdonaré tu recaída. Te perdonaré gratuitamente. Te daré un corazón limpio, y crearé un espíritu nuevo dentro de ti. Tus pecados echaré al mar de mi olvido y nunca más me acordaré de ellos. Tu copa llenaré hasta que rebose con el gozo de la salvación, y tu cabeza ungiré con el aceite de alegría. ¡Busca mi rostro, hijo querido! Déjame ser tu todo en todo".

¡Gloria a Jesús! Cuando llegue ahí, querido, la sanidad de su cuerpo será algo totalmente secundario.

> Como mis ojos estaban puestos en Jesús,
> He dejado de ver todo lo demás.
> Encadenada la visión de mi espíritu ha quedado,
> Mirando al crucificado.[1]

No es el dinero, ni la arrogancia, ni incluso la esperanza lo que les hace estar limpios y blancos, sino la fe implícita, la humildad y obediencia a la voz del Señor.

Se deben poner las vías del tren, cada traviesa en su lugar, cada raíl asegurado, y el último clavo metido, antes de que el gran expreso transcontinental pueda circular por ellas. Se tarda mucho más en poner las vías que lo que tarda en pasar el expreso.

Al acudir para sanidad, asegúrese del estado de las vías. Está invitando a venir al expreso del poder ilimitado de Dios. Recuerde que, al hacer las vías, se deben rebajar las colinas y aumentar los valles; el orgullo debe desaparecer ante Él, y los lugares irregulares se deben allanar. No emplee mucho tiempo preocupándose y regañando porque el tren no llega con más rapidez. *Usted* preocúpese de las vías, y *Dios* se preocupará del tren.

Vea por ejemplo la luz eléctrica. No basta con tener una bombilla eléctrica en sus manos, sino que los cables deben estar bien y

1. Mary D. James, "All for Jesus", 1871.

las conexiones adecuadamente hechas hasta el generador para que la luz pueda brillar en su hogar.

Del mismo modo, no basta con que usted diga: "Tengo un cuerpo que necesita sanidad, y sé que el Señor tiene el poder para sanarme". Esto es como decir: "Tengo una bombilla en mis manos, y sé que hay corriente suficiente en el generador para que alumbre, pero ¿qué hay de las conexiones y los cables?".

Las motivaciones egoístas se han ido, y ahora se está acercando más cada momento al Gran Doctor que tiene el poder para sanar a los enfermos. El amor que todo lo absorbe para su recién hallado Cristo, y el abrumador deseo de ser agradable ante Él y de ganar joyas para su corona han ocupado el lugar del egoísmo.

"¿Y obstaculiza esto a uno para obtener la sanidad física", pregunta usted, "viendo que nuestros ojos se han apartado de nuestro propio sufrimiento y se han fijado en Cristo?".

¡Ah, no! Le ayudará mucho más adelante. Porque, en vez de pedir sanidad solo con una motivación egoísta, ahora uno busca vida y fortaleza, para que uno pueda servir con más alegría y plenitud y ganar almas para este adorable Cristo del Calvario.

El conflicto se ha terminado, la batalla acabó. Hay una *pero no se haga mi voluntad sino la tuya* en el alma. (Véase Lucas 22:42). "Querido Jesús, si quieres que vaya al cielo, te doy gracias que sé que mi alma está bien. Pero si, oh Señor, tu voluntad es dejarme en esta tierra, oro para que tenga la fortaleza y la salud, el poder y la sabiduría, para ganar a mi familia y a otros para ti, querido Salvador, y ser una luz que brilla para los que están en las tinieblas".

Si es su buena voluntad llevar a uno de los niños a casa, ¡amén! Si no, bendito Dios, puede usted tocar el borde del manto del Maestro y obtener sanidad y fortaleza para su servicio hoy, incluso como hicieron los que vivían cuando Jesús caminaba por esta tierra. Pero haga lo que haga, ya sea que coma o que beba, busque sanidad y fortaleza, asegúrese de hacerlo todo para la gloria de Dios. (Véase 1 Corintios 10:31). Entonces puede alzar su vista mientras acude al altar y, alzando sus manos hacia el cielo, decir:

> Mi cuerpo, alma y espíritu
> Jesús, a ti te entrego,
> Una ofrenda consagrada,
> Tuya para siempre.
> Todo mi ser está en el altar,
> Estoy esperando el fuego;
> Esperando, esperando, esperando,
> Estoy esperando el fuego.[2]

Después recuerde: si lleva su ofrenda al altar y allí recuerda que su hermano tiene algo contra usted, deje su ofrenda ante el altar y vaya primero a reconciliarse con su hermano. Después vaya y ofrezca su ofrenda. (Véase Mateo 5:23–24).

Y cuando esté orando, perdone, arregle esos rencores del pasado. Arréglese con esa persona con la que no se habla desde hace tanto tiempo. Pida perdón a su esposa por las palabras duras que tan a menudo han provocado lágrimas en sus ojos. Perdone a ese enemigo el daño que no había podido perdonar hasta ahora. (Véase Marcos 11:25). De lo contrario, ¿cómo puede orar: "Y perdónanos nuestras deudas, como también nosotros perdonamos a nuestros deudores"? (Ver Mateo 6:12).

"Pero ¿qué tiene que ver todo esto con recibir la sanidad?", preguntará usted. "Yo pensaba que lo único que tenía que hacer era caminar hasta la plataforma, que orasen por mí, y ser sanado sin más obligación por mi parte. ¿Qué tiene todo esto que ver con eso?

Quizá usted no lo vea, pero estos son los cables de la luz eléctrica entre la bombilla y el generador y el asegurarse de que las conexiones están bien. Esto es poner las vías por el desierto o los

2. Mary D. James, "Consecration", 1869.

túneles a través de las montañas y hacer caminos rectos para sus pies, para que el poderoso expreso de la gloria y el poder de Dios pueda pasar.

Busque *primero* el reino de Dios y su justicia, y todo lo demás le será añadido. Ponga lo primero en primer lugar. Pase tiempo en oración. Lea su Biblia cuidadosamente y en oración, especialmente Mateo, Marcos, Lucas y Juan, y los Hechos de los Apóstoles, con referencia a aquellos a los que Jesús sanó, y vea la parte que desempeñaron en obedecer su mandato y en tener una fe activa.

Establezca una adoración familiar en su hogar. No espere hasta que esté aquí para comenzar a servir a Jesús incluso ahora, hasta que el gozo y la paz estén inundando su corazón. La fe está aumentando mucho, y usted *ha perseverado en oración* y ha recibido el testimonio; todos los cables están en su lugar entre la bombilla y el generador, y está listo para que la mano de oración suba el interruptor y deje que fluya la corriente del poder de Dios.

Jesús

El siguiente y mayor elemento implicado en su sanidad es, por supuesto, aquel a quien acude para recibir sanidad: Jesús. ¿Tiene Él poder para sanar? ¿Está dispuesto a hacerlo, y hará Él su parte?

Sí; sin lugar a duda, Él tiene el mismo poder hoy que tenía en la antigüedad. Sus promesas son constantes. Amén a todo aquel que cree. Cuando el leproso en tiempos de la Biblia dijo: "*Si quieres, puedes limpiarme*" (Marcos 1:40), y su sanidad dependía de la "disposición de Jesús", el Maestro, sin dudarlo un instante, dijo: "*Quiero, sé limpio*" (Marcos 1:41). No cabe duda de su *disposición*, si nosotros tenemos la fe y pedimos su gloria.

En cuanto a que Jesús *haga su parte*, hermano, hermana, todo fue hecho cuando compró nuestra sanidad en el cruel poste de fustigación... para que, por su llaga, pudiéramos ser sanados (véase 1 Pedro 2:24), porque *"el mismo tomó nuestras enfermedades, y llevó nuestras dolencias"* (Mateo 8:17).

Así como en la salvación, Cristo ha hecho *su* parte en la obra consumada del Calvario y ahora espera que nosotros acudamos a la cruz en fe para aceptar y hacer nuestra esa gran redención, y ocurre igual con la sanidad divina, el Gran Doctor, el Sol de justicia con sanidad en sus alas, ha hecho su parte. Él llevó los crueles latigazos, llevó nuestro dolor y sufrimiento, fue herido de Dios y afligido como nuestro sustituto, y llevó no solo nuestros pecados sino el resultado directo del pecado, que son la enfermedad y el dolor. Así, con Isaías, podemos gritar exultantes: *"Mas él herido fue por nuestras rebeliones... y por su llaga fuimos nosotros curados"* (Isaías 53:5).

Sin duda, Él hará su parte. Acérquese a Él, y Él se acercará a usted. (Véase Santiago 4:8). Extienda sus manos en fe y toque el bendito borde de su manto, y Él se inclinará a usted. Sentirá usted la gentil presión de su mano agujereada en sanidad y bendición sobre su cabeza. Jesús es el mismo ayer, hoy y por los siglos; Él que escuchó el clamor de su pueblo en tiempos pasados es el mismo hoy. Su oído no se ha tapado, de tal forma que no pueda oír, ni se ha acortado su brazo, para no poder salvar. (Véase Isaías 59:1).

El que ora por usted

La tercera parte involucrada en su sanidad es el que le unge con aceite, según Santiago 5:14, y ora con usted, para que sea sanado. ¿Qué papel desempeña el que ora por los enfermos, y qué importancia tiene su papel?

La primera tarea del que es instrumental para orar por los enfermos es la tarea que Cristo encomendó a sus discípulos en

Juan 10:49, es decir, la que acercar al hombre a Él. El ciego clamó: *"¡Jesús, hijo de David, ten misericordia de mí!"* (Marcos 10:47). Él tenía fe. Había orado y su oración llegó a oídos del Maestro.

Él había hecho su parte.

Jesús estaba listo para hacer la suya.

Pero una bendita tarea, o parte, en la sanidad se les concedió a los discípulos cuando Jesús les mandó acercar hasta Él al hombre. Primero, entonces, levante a Jesús desde la tierra. Hable de su poder; glorifique su nombre. Muchos toman tanto tiempo hablando de lo que Jesús *no puede* hacer que pasan muy poco tiempo hablando de las cosas que *sí puede* hacer.

Siembre la semilla de fe en los corazones de la gente, y tenga *usted mismo fe*. Los que oran por la sanidad de los enfermos deberían ellos mismos buscar primero ser partícipes del fruto y ser un ejemplo vivo de lo que predican, tener un cuerpo sano y estar vigorizados por la fuerza y la resurrección de la vida de Jesús.

Lleve al que sufre a Cristo en oración, fe y alabanza. Haga que Jesús sea tan real mediante la Palabra predicada que su audiencia pueda ver su bendito rostro a través de las nubes que se disipan y extienda su mano para tocarle.

Segundo, es la sagrada tarea de los que oran por los enfermos el creer con todo su corazón y tener el toque real de Dios en ellos, el Espíritu Santo morando en ellos y la autoridad del Maestro vistiéndoles como el manto de Elías vistió a Eliseo.

> *Pero pida con fe, no dudando nada; porque el que duda es semejante a la onda del mar, que es arrastrada por el viento y echada de una parte a otra. No piense, pues, quien tal haga, que recibirá cosa alguna del Señor. El hombre de doble ánimo es inconstante en todos sus caminos.* (Santiago 1:6–8)

Uno sabe enseguida si un predicador, o el que está haciendo la oración, tiene fe. ¿Alguna vez ha oído a un hombre predicar un sermón largo y luego decir: "Ahora, *si* hay alguien aquí esta noche que quiera salvación, ¿podría levantar su mano y decir: 'Ore por mí'"?.

Vaya, justo ahí, su fe ha dudado; raras veces consigue alguien más de aquel que ha pedido, mientras que el hombre de fe ha asegurado el éxito y clama: "Que *todo* pecador o quien se haya apartado en este edificio levante su mano en alto, y con esa mano levantada, diga: 'Ore por mí; *yo* soy un pecador y quiero la salvación'. ¡Todos necesitan a Jesús! Que cada uno levante sus manos y lo diga". ¿Ha visto las manos alzarse? ¿Y ha visto los cientos de penitentes llorando hasta el altar? Así es también en la oración por los enfermos. Según su fe, le será hecho.

En una reunión reciente, llegamos al final del día, y miles estaban ahí esperando que orásemos por ellos, así que fue necesario que varios grupos, compuestos por unos veinte ministros, fueran llamados para que orasen por la sanidad de los afligidos. Entre las largas filas de sufridores llegó un hombre sordo, deseando oración para que le fuera restaurado el poder oír. Cierto ministro muy querido, que quizá nunca antes había orado para que se abrieran unos oídos tapados, comenzó a hablar con el Señor acerca de su poder y disposición a oír las oraciones de su pueblo. Tras unos momentos, miró al hombre y, viendo que tenía que hacer algo definitivo, e inclinándose inquisitivamente, llevó sus labios cerrados al oído en cuestión, y preguntó: "Oído sordo, ¿te abrirás? ¿Lo harás?". Justo ahí, había dudado, ¡y que ninguno que dude piense que obtendrá nada de Dios! Con la unción y el poder del Espíritu Santo sobre él, debería haber ordenado: "Oído sordo, en el nombre del Señor Jesucristo, ¡te *ordeno* que te abras y oigas la Palabra del Señor! Tú, espíritu sordo, sal de él en el poderoso nombre de Jesús". Pida en fe, no dudando, y le será hecho *conforme a su fe.*

Dígale a aquel por el que está orando que tenga fe también, extendiéndose y aferrándose a la promesa con fuerza, y será suya. Ya sea que se sane al instante o gradualmente, debe creer desde ese mismo momento.

Tercero, el que ora por los enfermos debería tener manos limpias y un corazón puro.

Muchos ministros que conocemos consumen tabaco. Deshágase de eso; que su propio corazón sea limpiado con la preciosa sangre y sus labios sean dulces y puros antes de orar reverentemente la oración de fe. ¿Se imagina a Jesús fumando un gran puro y luego yendo a orar por los afligidos?

No espere pasar su tiempo contando o escuchando historias necias o vacías o murmurando, o siendo un buen mezclador en un club y luego correr a la presencia de Él para hacer que descienda el poder de lo alto. Manténgase cerca de Jesús. Mantenga la lámpara de la fe bien encendida. Camine con Dios como Enoc, hasta que su vida sea consumida en la bendita voluntad de Dios. Que la fe triunfante se acumule cada vez más hasta que su rostro brille, y las almas pobres, débiles y llevadas por la tormenta vean en usted esa confianza fuerte y firme en Dios que les dé un nuevo valor y les guíe hasta el puerto tranquilo y seguro de la fortaleza y la bendición del Salvador.

No sienta, no obstante, querida y afligida alma, que a menos que el predicador o anciano que ora no haga su parte, que usted vaya a quedarse irremediablemente sin su sanidad. Muchos son sanados como respuesta a sus propias oraciones mientras están sentados en la audiencia o mientras oran en sus hogares. *"¿Está alguno entre vosotros afligido? Haga oración"* (Santiago 5:13). Aunque esté solo, puede extender sus manos ahí donde está y reclamar la promesa. Sin embargo, es natural y perfectamente bíblico querer que alguien haga la oración de fe por usted y sostenga sus manos en ánimo mientras usted acude a Dios, porque también leemos:

¿Está alguno enfermo entre vosotros? Llame a los ancianos de la iglesia, y oren por él, ungiéndole con aceite en el nombre del Señor. Y la oración de fe salvará al enfermo, y el Señor lo levantará; y si hubiere cometido pecados, le serán perdonados. (Santiago 5:14–15)

Hagamos, por lo tanto, nuestra parte. Acérquese al Maestro, el Gran Doctor, el Pastor de las ovejas, que está esperando de pie con su frasco de aceite para restaurar nuestro cuerpo, alma y espíritu. No hay una lágrima tan escondida que Jesús no pueda enjugar. No hay un dolor tan hondo que Jesús no pueda consolar y bendecir. No hay un cuerpo tan débil, tan desgastado y tan enfermo que su toque no pueda fortalecer y sanar. No hay una carga tan pesada o tan grande que su amor no pueda levantar y llevar.

Viaje a la Palabra y al Espíritu

1. ¿Hay alguna duda u otros pecados que le impidan tocar el borde del manto del Maestro para recibir la sanidad a fin de que la "conexión" entre usted y Él sea fuerte y clara? Si es así, arrepiéntase de ellos y pídale al Señor que le libere de esas ataduras.

2. Cristo terminó su obra en la cruz en el Calvario, llevando su dolor y sufrimiento. Así que ¡no pierda la esperanza! Pida al Señor que sea hecha su voluntad en su vida, y luego encuentre descanso en sus brazos de amor.

3. Ponga primero las primeras cosas: busque primero el reino de Dios y su justicia, y desarrolle un profundo amor por el Señor.

Capítulo extraído del libro de Aimee Semple McPherson *Divine Healing Sermons* (New Kensington, PA: Whitaker House, 2014), capítulo 4, "The Three Parties Concerned in Your Healing".

Acerca de la autora

En 1915, Aimee Semple McPherson comenzó a viajar por los Estados Unidos, llevando a cabo avivamientos en carpas, con algunas multitudes de más de treinta mil personas. Como evangelista que predicaba el evangelio no solo por los Estados Unidos sino también por todo el mundo, la "Hermana Aimee" incorporó los mejores medios de comunicación de su tiempo, convirtiéndose así en pionera de las retransmisiones del evangelio por radio.

Al abrirse las puertas del Angelus Temple en Los Ángeles en 1923, la Hermana Aimee desarrolló un gran ministerio social, alimentando a más de un millón y medio de personas durante la Gran Depresión. Resumió su mensaje en cuatro puntos principales, los cuales llamó "el evangelio cuadrangular". Fundó la iglesia internacional Church of the Foursquare Gospel, también conocida como la iglesia cuadrangular, la cual continúa extendiendo el evangelio cuadrangular por todo el mundo hasta la fecha.

“¡HE AQUÍ, YO LES DOY POTESTAD!”

John G. Lake

13

"¡HE AQUÍ, YO LES DOY POTESTAD!"

John G. Lake

"Cuando descendió Jesús del monte, le seguía mucha gente. Y he aquí vino un leproso y se postró ante él, diciendo: Señor, si quieres, puedes limpiarme".
—Mateo 8:1–2

Ese hombre sabía que Jesús tenía el poder para sanarle, pero no sabía que era la voluntad de Dios y que Jesús se estaba entregado a la sanidad de la humanidad. Si lo hubiera sabido, habría dicho: "Señor, sáname".

Siempre es la voluntad de Dios sanar. Nuestra fe puede que falle. Mi fe falló hasta el punto en que a menos que alguien hubiera orado por mí, yo habría muerto. Pero Dios estaba todo lo dispuesto a sanarme que podía. Fue mi fe lo que se derrumbó. Dios está dispuesto, tan dispuesto a sanar como lo está a salvar. *La sanidad es una parte de la salvación.* No es algo separado de la salvación. La sanidad fue comprada por la sangre de Jesús. Este Libro siempre conecta la salvación con la sanidad. David dijo:

> *Bendice, alma mía, a Jehová, y no olvides ninguno de sus beneficios. Él es quien perdona todas tus iniquidades, el que sana todas tus dolencias.* (Salmos 103:2–3)

Nunca ha existido hombre alguno en el mundo que se convirtiera y estuviera enfermo a la vez, que no se hubiera sanado si hubiera creído que Dios podía hacerlo. Pero no era instruido en la fe para creer que Dios podía sanarle.

Imagine que dos hombres llegan al altar. Uno está enfermo y cojo; el otro es un pecador. Imagine que se arrodillan en el altar juntos. El pecador dice: "Quiero encontrar al Señor". Todos los allí reunidos inmediatamente le darán el amor de su corazón y la fe de su alma para ayudarle a tocar a Dios. Pero el amigo cojo dice: "Tengo una pierna coja" o: "Mi columna está dañada; quiero ser sanado". En vez de que todos le ofrezcan su amor y fe del mismo modo a ese hombre, todos ponen un interrogante.

Eso se produce por el hecho de que la Palabra de Dios nos instruye acerca de la salvación del alma, pero nuestra educación respecto a la enfermedad y su deseo y disposición a sanar ha sido descuidada. Hemos llegado al grado octavo o décimo o a la universidad sobre el tema de la salvación, pero en el tema de la sanidad, estamos en la clase del ABC.

> *Jesús extendió la mano y le tocó, diciendo: Quiero; sé limpio.* (Mateo 8:3)

¿Dijo alguna vez algo que no fuera "*Quiero*"? ¿Alguna vez dijo: "No puedo sanarte porque no es la voluntad de Dios", o "No puedo sanarte porque estás siendo purificado mediante esta enfermedad", o "No puedo sanarte porque estás glorificando a Dios con esta enfermedad"? No ocurre esto en todo el Libro.

Por el contrario, se nos dice: "Sanaba a *todos* los que acudían a Él". (Véase Mateo 4:24; 8:16; 12:15; Lucas 4:40; 6:19). ¡Nunca un alma suplicó jamás a Dios la salvación o la sanidad y Jesús no le salvó o sanó! ¿Alguna vez ha pensado qué calamidad podría haber sido si un hombre hubiera acudido una vez a Jesús y le hubiera dicho: "Señor, sálvame", y el Señor le hubiera contestado: "No, no puedo salvarte"? Cada hombre hubiera tenido para siempre un interrogante en cuanto a si Dios le salvaría o no. No habría una confianza universal, como ocurre hoy.

Imagínese que Jesús alguna vez le hubiera dicho a algún enfermo: "No, no puedo sanarte". Usted tendría la misma duda respecto a la sanidad. El mundo se habría retirado y dicho: "Bueno, puede que sea la voluntad de Dios sanar a ese hombre o esa mujer, pero no sé si es su voluntad sanarme a *mí*".

Jesucristo no nos dejó dudando acerca de la voluntad de Dios, pero cuando la iglesia perdió su fe en Dios, comenzó a enseñar a la gente que quizá no era la voluntad de Dios sanarles. Así que la iglesia introdujo la frase "Si es su voluntad" al hablar de la sanidad. Pero Jesús sanó a todo aquel que acudió a Él. (Véase Mateo 4:23; Lucas 9:6, 11).

Observe lo que dice en Isaías:

> *Dios mismo vendrá, y os* ***salvará. Entonces*** *los ojos de los ciegos serán abiertos, y los oídos de los sordos se abrirán.* ***Entonces*** *el cojo saltará como un ciervo, y cantará la lengua del mudo.* (Isaías 35:4–6)

¡La salvación y la sanidad están conectadas!

> *Para que se cumpliese lo dicho por el profeta Isaías, cuando dijo: El mismo tomó nuestras enfermedades, y llevó nuestras dolencias.* (Mateo 8:17)

Y para que no se nos olvidara el gran hecho de que "*ciertamente llevó él nuestras enfermedades, y sufrió nuestros dolores*" (Isaías 53:4), Pedro lo enfatizó diciendo:

> *Quien llevó él mismo nuestros pecados en su cuerpo sobre el madero, para que nosotros, estando muertos a los pecados, vivamos a la justicia; y por cuya herida fuisteis sanados.* (1 Pedro 2:24)

No dice "por cuya herida *sois* sanados", sino "*por cuya herida* ***fuisteis*** *sanados*". Lo único que es necesario es *creer* a Dios. La mente de Dios nunca necesita actuar para la *salvación* de un hombre. Él dio al Señor y Salvador Jesucristo para morir por usted. Dios no puede hacer más por expresar su voluntad en su deseo de salvar al hombre. Lo único que se necesita es creer a Dios. Hay salvación por la sangre. Hay salvación por el poder que viene de Dios a la vida de un hombre. La sangre proveyó el poder. Sin la sangre no habría poder. Sin el sacrificio nunca habría gloria alguna. Salvación por la sangre, salvación mediante poder.

La iglesia en general es muy clara en su fe sobre el tema de la salvación mediante el sacrificio del Señor y Salvador Jesucristo. Los cristianos en general, al margen de su estado personal de salvación, tienen una fe general y creencia en el Señor y Salvador Jesucristo para la salvación del mundo. Pero siempre están dudando y son muy inexpertos acerca del poder de Dios.

> *Cuando descendió Jesús del monte, le seguía mucha gente. Y he aquí vino un leproso y se postró ante él, diciendo: Señor, si quieres, puedes limpiarme. Jesús extendió la mano y le tocó,*

diciendo: Quiero; sé limpio. Y al instante su lepra desapareció. Entonces Jesús le dijo: Mira, no lo digas a nadie; sino ve, muéstrate al sacerdote, y presenta la ofrenda que ordenó Moisés, para testimonio a ellos. (Mateo 8:1–4)

¿Alguna vez se ha detenido a considerar que no hay un remedio médico para las cosas serias que matan a las personas? La fiebre tifoidea: llene al paciente con un tanque lleno de medicina, y vivirá veintiún días.

En 1913 yo estaba en Chicago en una gran reunión, cuando recibí un telegrama del hospital de Detroit, diciendo: "Su hijo, Otto, está enfermo con la fiebre tifoidea. Si quiere verle, venga". Me apresuré para tomar un tren, y cuando llegué, le encontré en una sala. Le dije al hombre encargado que me gustaría una sala privada para él, para poder orar por él. Bien, Dios arregló eso en cinco minutos. Estuve con él un par de días hasta que se levantó y caminó. Continuó durante cuatro o cinco semanas, y un día, para mi sorpresa, recibí otro telegrama diciéndome que tuvo una recaída tifoidea.

Así que volví a regresar. Esta vez no hubo ningún rayo de luz de Dios como la primera vez. Todo era frío como el acero, y vaya, yo era tan consciente del poder del diablo que no podía orar audiblemente, pero me senté junto a su cama y apreté los dientes, y dije en mi alma: "Ahora, Sr. Diablo, hazlo. Mátalo si puedes". Y me senté allí cinco días y cinco noches. No recibió sanidad al instante la segunda vez. Fue una sanidad mediante un proceso. Debido a ese hecho, mi alma se aferró a Dios; me senté con mis dientes apretados, y nunca me fui de su lado hasta que terminó.

Usted puede ser sanado como un rayo de luz de Dios hoy, y mañana, la semana siguiente o el mes siguiente cuando quiere sanidad, quizá tenga que recibirla mediante un lento proceso. La acción de Dios no siempre es la misma, porque las condiciones no son siempre las mismas.

En la vida de Jesús, la gente era sanada al instante. Creo que Jesús tiene tal medida suprema del Espíritu que cuando ponía sus manos sobre un hombre, era lleno y quedaba sumergido en el Espíritu Santo, y las enfermedades se secaban y desaparecían.

Pero, amado, usted y yo usamos la medida del Espíritu que poseemos. (Usted puede, como miembro de su cuerpo, poseer el Espíritu con la misma medida que Él; Dios no espera que cumplamos Juan 14:12 con menos equipamiento del que tuvo Jesús). Y si no hemos obtenido tanto de Dios como Jesús, entonces ore por un hombre hoy, y obtenga cierta medida de sanidad, pero no está bien del todo. Lo único que se puede hacer es orar por él mañana, y dejarle que consiga algo más, y siga haciéndolo hasta que esté bien.

Es ahí donde la gente se equivoca. Oran durante uno o dos días, y luego lo dejan. Usted ora y sigue orando todos los días y ministrando a esa persona enferma hasta que estén bien. Una de las cosas que ha desacreditado la sanidad es que los evangelistas harán reuniones, y cientos de enfermos acudirán para recibir oración. En una gran reunión como esa, tiene la oportunidad de orar una vez y no les vuelve a ver. Usted ora por diez personas, y como regla, verá que uno o dos o tres son sanados totalmente, pero los otros solo son sanados a medias o solo reciben un pequeño toque de sanidad.

Ocurre lo mismo con la salvación. Usted lleva a diez al altar. Uno es salvo y su alma queda limpia. Otro quizá va durante una semana y otro durante un mes, antes de tener claridad en su alma. La diferencia no está en Dios. La diferencia está dentro del hombre. Su conciencia aún no se ha abierto a Dios.

Cada ley del Espíritu tocante a la salvación es también tocante a la sanidad.

Entrando Jesús en Capernaúm, vino a él un centurión, rogándole, y diciendo: Señor, mi criado está postrado en casa, paralítico, gravemente atormentado. Y Jesús le dijo: Yo iré y le sanaré. Respondió el centurión y dijo: Señor, no soy digno de que entres bajo mi techo; solamente di la palabra, y mi criado sanará. (Mateo 8:5–8)

Aquí tenemos una sanidad a distancia. El centurión entendió la autoridad divina, y la misma autoridad divina la tiene el cristiano, porque Jesús es el cristiano modelo.

Porque también yo soy hombre bajo autoridad, y tengo bajo mis órdenes soldados; y digo a éste: Ve, y va; y al otro: Ven, y viene; y a mi siervo: Haz esto, y lo hace. (Mateo 8:9)

La misma autoridad divina que fue investida en Jesús está investida por Jesús en cada alma cristiana. Jesús hizo posible que la iglesia de Jesucristo continuara para siempre e hiciera las mismas cosas que Él hizo y que siguiera haciéndolas para siempre. Ese es el asunto de la iglesia. La iglesia ha perdido la fe en esa verdad. El resultado, siguieron creyendo que Él podía salvarles del pecado, pero el otro gran ámbito de la vida cristiana se dejó a los doctores y al diablo, o a cualquier otra cosa. Y la iglesia nunca será una verdadera iglesia, en el verdadero poder del Dios viviente de nuevo, hasta que no regrese otra vez a la norma original, donde estaba Jesús.

Jesús dijo: "He aquí, yo les doy autoridad". ¿Qué autoridad? "*Sobre los espíritus inmundos, para que los echasen fuera, y para sanar toda enfermedad y toda dolencia*" (Mateo 10:1). Jesús ha investido esa autoridad en usted. Usted dice: "Bueno, Señor, entendemos la autoridad que hay en tu Palabra, pero no tenemos el poder". Pero Jesús dijo: "*Pero recibiréis poder, cuando haya venido sobre vosotros el Espíritu Santo*" (Hechos 1:8).

Ahora el Espíritu Santo viene sobre cada cristiano en una medida. ¡Es una cuestión de grado! Hay grados en la medida del Espíritu de Dios en las vidas de los hombres. El *bautismo del Espíritu Santo* es una medida mayor del Espíritu de Dios, pero cada hombre tiene un grado del Espíritu Santo en su vida. Usted tiene. Es el Espíritu en su vida lo que le da fe en Dios, lo que le hace ser una bendición para otras personas. Es el Espíritu Santo el que ha sido *exhalado* en su alma el que toca otra alma y le mueve hacia Dios. Comience ahí donde está y deje que Dios le lleve por la vida cristiana todo lo lejos que usted quiera.

> *Al oírlo Jesús, se maravilló, y dijo a los que le seguían: De cierto os digo, que ni aun en Israel he hallado tanta fe.*
>
> (Mateo 8:10)

Jesús siempre alabó la fe cuando la encontró. Jesús no siempre encontró fe. Todas las personas que acudieron a Jesús no poseían ese tipo de fe. Tenían fe en que si llegaban hasta Jesús, serían sanados. Pero aquí había un hombre que dijo: *"Solamente di la palabra, y mi criado sanará"* (Mateo 8:8).

Después recuerde el caso del hombre del estanque de Betesda. Él ni siquiera pidió ser sanado. Mientras yacía en ese lugar, Jesús se acercó caminando a él y dijo: *"¿Quieres ser sano?"* (Juan 5:6). Él vio a este pobre hombre que había estado allí tumbado durante treinta y ocho años, y Jesús no esperó a que él le pidiera ser sanado. Jesús dijo: *"¿Quieres ser sano?"*, y este pobre hombre siguió diciendo que cuando el agua se movía, no tenía a nadie que le llevase, y que mientras esperaba otro se le adelantaba. Pero Jesús le dijo: *"Levántate, toma tu lecho, y anda"* (Juan 5:8). Él fue sanado. Después, Jesús se encontró con él y dijo: *"Mira, has sido sanado; no peques más, para que no te venga alguna cosa peor"* (versículo 14).

La mayoría de las enfermedades son resultado del pecado. Esa es la respuesta para el individuo que peca. Durante miles de años los hombres han estado pecando, y como consecuencia de su pecado, están enfermos en sus cuerpos. Esto le dará una idea. Los científicos nos dicen que hay gérmenes tuberculosos en el 90 por ciento de la población. La única diferencia es que cuando la gente está en un estado saludable, los gérmenes no tienen la oportunidad de manifestarse. Estoy intentando mostrar la intimidad entre el pecado y la enfermedad, no necesariamente el pecado del individuo. Puede que nunca sea el pecado del individuo.

En los archivos lejanos de la familia Lake y Graham, la tuberculosis era algo que nunca conocieron, hasta que apareció en mi hermana. Mi hermana me acompañó a África, y se puso tan enferma que cuando llegué a Cape Town, tuvimos que esperar hasta que recobrara las fuerzas. Dios la sanó.

Respecto a la gente sanada a la distancia, recibimos telegramas de todas las partes del mundo. La distancia no es un impedimento para Dios. Los Estados Unidos acaban de terminar el edificio de la estación sin cables más grande del mundo. Envían mensajes que se registran casi al instante a quince mil kilómetros. Cuando la máquina se toca aquí, se registra a quince mil kilómetros. Bien, de acuerdo, cuando su *corazón* golpea a Dios en fe, se registrará dondequiera que esté el individuo, así de rápido. Todos los descubrimientos de años posteriores como el telégrafo, teléfono, inalámbricos y ese tipo de coas son tan solo las leyes comunes que los cristianos han practicado durante toda su vida.

Nadie se postró jamás y oró, sino que el instante en que tocó a Dios, su alma se registró en Jesucristo en gloria, y la respuesta regresó al alma. Los cristianos tienen esa experiencia cada día. El mundo sabio ha comenzado a observar que esas leyes son aplicables en la esfera de lo natural. Le pregunté una vez a Marconi cómo tuvo su primera idea para el inalámbrico. Él respondió que la tuvo viendo una exhibición de telepatía en un teatro barato.

La oración del corazón llega hasta Dios. Jesús respondió al leproso: "Quiero; sé limpio". El siguiente fue el siervo del centurión.

El centurión dijo: "No hace falta que vengas a mi casa. Tan solo *di la palabra,** y mi siervo se sanará", y en su alma, Jesús dijo: "Sé sano". La distancia no es un impedimento para Dios. La distancia no marca diferencias. El Espíritu de Dios en usted irá hasta donde llegue su amor. El *amor* es el medio que lleva al Espíritu de Dios a otra alma en cualquier lugar de la tierra de Dios.

Esto es lo que ocurre cuando usted ora. El Espíritu de Dios viene sobre usted e inunda su alma, y un rayo sale y toca esa alma de allí. Si tuviera un instrumento que fuera capaz de fotografiar el espíritu, descubriría que ocurre esto.

¿No es maravilloso que Dios nos haya escogido para ser colaboradores con Él y que nos lleve a participar con Él para hacer todo lo que Él está haciendo? Jesucristo en el trono de Dios desea bendecirnos a usted y a mí, y de su corazón santo sale el Espíritu, y se llena el alma, y no podemos decir cómo o por qué.

He conocido a miles de personas que han sido sanadas que nunca han visto mi rostro. Envían peticiones de oración, oramos, y nunca volvemos a oír nada de ellos a veces a menos que algún amigo o vecino o alguien llegue y nos cuente acerca de ellos. A veces alguien envía una petición por ellos. Dicen que no saben lo que ocurrió. Tan solo se pusieron bien. Pero usted sabe por qué. Ese es el maravilloso poder que hay en la vida cristiana, y esa es la maravillosa cooperación que el Señor Jesús ha arreglado entre su propia alma y el alma del cristiano. Esa es "*la iglesia, la cual es su cuerpo*" (Efesios 1:22–23).

Jesús vino para "*destruir las obras del diablo*" (1 Juan 3:8). Él sanó a todos los que estaban oprimidos por el diablo. (Véase Hechos 10:38). Él no usó armas carnales para destruir las obras del diablo. Usó un arma espiritual. Se explica mejor en Lucas:

> *Y toda la gente procuraba tocarle, porque poder salía de él y sanaba a todos.* (Lucas 6:19)

Este es el remedio perfecto para todas las enfermedades del hombre. Jesús enseñó a sus discípulos a usar esta arma. Envió a los doce, y envió a setenta. (Véase Lucas 9:1–2; 10:1–19). Que su entrenamiento no fue sin fruto se ve en el libro de los Hechos de los Apóstoles. Actuando en el nombre de Jesús, el escape de poder de sus vidas llevó sanidad a todos los que acudieron a ellos. Duplicaron el ministerio de Jesús. No hay ni un solo registro de un fallo en el libro de Hechos. Las armas de su guerra espiritual contra la obra del diablo en forma de enfermedades y dolencias fueron espirituales y no carnales. (Véase 2 Corintios 10:4). El mismo poder está disponible hoy.

> *He aquí os doy potestad de hollar serpientes y escorpiones, y sobre toda fuerza del enemigo, y nada os dañará.*
>
> (Lucas 10:19)

Dios da a los miembros del cuerpo de su Hijo poder sobre el diablo. Él nunca da al diablo poder sobre ellos.

Una de las maravillas del cristianismo es el poder dado al creyente. *"Resistid al diablo, y huirá de vosotros"* (Santiago 4:7). El diablo no puede hacer que un creyente haga algo sin el consentimiento expreso del creyente. Resistid al diablo y huirá. Ceda y él vencerá. Es este hecho, tan simple como pueda parecer, lo que constituye nuestra responsabilidad para nuestra conducta. Así que nadie puede decir: "Pequé a pesar de mí mismo", sino que solo puede decir: "Pequé por causa de mí mismo".

Limpios de todo pecado (raíz, tallo y rama) para que el diablo no tenga un ancla dentro y habiéndose puesto la armadura invencible de Efesios 6, el creyente es el amo en cada situación. Si el creyente está firme y usa su armadura con eficacia, es imbatible ante Satanás.

Junte todo lo que se ha dicho arriba con esta frase de 1 Juan 4:4: *"Mayor es el que está en vosotros, que el que está en el mundo"*,

¿por qué debería entonces un creyente ceder alguna vez ante el diablo y el pecado?

Me puedo identificar con Jesús como miembro de su cuerpo cuando dijo: *"Porque viene el príncipe de este mundo, y él nada tiene en mí"* (Juan 14:30). ¿Por qué dejar que el diablo tenga acceso o ponga algo en nosotros?

"Y el Dios de paz aplastará en breve a Satanás bajo vuestros pies" (Romanos 16:20). En cualquier guerra espiritual llega un momento en que el enemigo es aplastado. Permanezca fiel y permita que Dios le sacuda bajo sus pies. ¡Manténgase firme!

Viaje a la Palabra y al Espíritu

1. ¿Cree que necesita que alguien imponga sus manos sobre usted para ser sanado? ¿O tiene una fe tal que puede decirle ahora mismo al Señor: *"Solamente di la palabra, y* [tu] *criado sanará"* (Mateo 8:8)?
2. Si aún siente que no merece el toque del Señor, ¿qué le está reteniendo?

Capítulo extraído de Roberts Liardon, compilador, *John G. Lake on Healing* (New Kensington, PA: Whitaker House, 2009), capítulo 11, "Behold, I Give You Power".

Acerca del autor

John Graham Lake (1870–1935) fue un empresario que llegó a ser conocido por su ministerio como misionero, sanador de fe y fundador de Apostolic Faith Mission de Sudáfrica. Fue influenciado por el ministerio de sanidad de John Alexander Dowie, y recibió el bautismo del Espíritu Santo en 1907 en la estela del avivamiento de Azusa Street. Lake se mudó a Spokane, Washington, en septiembre de 1914. Comenzó a ministrar en la iglesia The Church of Truth. Tras seis meses, abrió su propio edificio, el cual llamó Lake's Divine Healing Rooms. Comenzó a entrenar "Divine Healing Technicians" [Técnicos de sanidad divina] en una organización que él fundó llamada The Divine Healing Institute [Instituto de sanidad divina]. Desde febrero de 1915 hasta mayo de 1920, Lake y sus datos informaron de más de 100.000 sanidades.

CÓMO TOCAR AL SEÑOR

Kathryn Kuhlman

14

CÓMO TOCAR AL SEÑOR

Kathryn Kuhlman

Los que me conocen son conscientes de mi gran respeto por los doctores y su gran conocimiento médico y científico; y sin deseo o pensamiento alguno de menospreciar sus sinceros esfuerzos, debo decir que Dios puede hacer y hará lo que ningún hombre puede hacer para sanar a TODOS los que acudan a Él en fe en el nombre de su Hijo. Él no hace acepción de personas.

El poder de Dios será real para su corazón de una forma bella cuando Él toque su cuerpo y la virtud de sanidad de Jesucristo fluya a través de usted. Mejorará las bendiciones espirituales que pueda haber disfrutado durante mucho tiempo. Enriquecerá su testimonio. Le capacitará para animar a otros que tienen una gran necesidad. Desafiará a los no creyentes, y bien podría ser la manera de dirigir a otros al conocimiento de salvación del Señor Jesucristo, mediante el mayor milagro de todos con diferencia.

Como Dios, su Hijo Jesucristo y el Espíritu Santo son sobrenaturales, es natural que esperemos que Dios haga cosas sobrenaturales por nosotros. Podemos vivir en el estado de expectación de que Él hará milagros, y entre ellos hay milagros de sanidad para nuestro cuerpo físico, sanando a todos los que se estiren y toquen el borde de su manto, a todos los que digan: "Jesús, eres todo lo que afirmas ser".

El lugar que la Palabra de Dios tiene que ocupar se le ha cedido a la tradición. La duda nos ha robado a muchos las recompensas que se producen cuando creemos las promesas de Dios. Las opiniones han usurpado el asiento de las declaraciones positivas de Dios. El pueblo de Dios se ha vuelto elocuente en excusas, permitiendo una falta de evidencia casi total de un Cristo vivo en sus vidas. Jesús está tan dispuesto a sanar hoy como lo estaba cuando un leproso le gritó: *"Señor, si quieres, puedes limpiarme. Jesús extendió la mano y le tocó, diciendo: Quiero; sé limpio. Y al instante su lepra desapareció"* (Mateo 8:2–3).

La virtud sanadora

La virtud sanadora, o poder, que Jesús usa es el Espíritu Santo, la tercera Persona de la Trinidad. Entender algo de su personalidad y su obra hará que sea más fácil para usted creer según la estatura de la fe.

Permita que esta sencilla frase cale en los recovecos más hondos de su corazón. *El Espíritu Santo puede hacer y hará cualquier cosa por usted que Jesús mismo haría si estuviera de pie delante de usted con sus manos extendidas y la luz radiante de gloria brillando desde su rostro.* De hecho, Jesús envió al Espíritu Santo cuando se fue para estar con el Padre: *"Y yo rogaré al Padre, y os dará otro Consolador, para que esté con vosotros para siempre"* (Juan 14:16).

Esa gloriosa promesa en Juan 14:16 dice varias cosas asombrosas. Revela a los tres miembros de la Trinidad en una armonía divina de acción. Revela que el Espíritu Santo será *"otro"* como Él mismo, un Consolador, alguien que fortalece. Revela que el Espíritu Santo continuará y habitará *"para siempre"*.

En lugar del Gran Doctor con limitaciones de la carne, accesible solo a un número relativamente pequeño, Él está accesible a TODOS mediante el Espíritu Santo. El Gran Doctor está en todo lugar hoy. Él es suficiente, porque Jesús no solo tiene poder en el cielo, sino todo poder también en la tierra.

Solo este hecho debería ser suficiente para cambiar toda nuestra perspectiva. No es meramente un asunto de conseguir algo de Dios, por muy importante que pudiera ser para usted. Es un asunto de "practicar la presencia de Dios", de reconocer, disfrutar y utilizar la continua presencia del Espíritu Santo.

Recuerde que el Espíritu Santo está con usted ya sea que usted lo crea o no, ya sea que usted sienta su presencia o sea totalmente ignorante de ello. Si usted es un verdadero hijo de Dios, entonces tiene el testimonio del Espíritu Santo que es su seguridad de salvación. Este Espíritu Santo es el mismo que trabajó con Jesús durante su ministerio terrenal al realizar sus milagros de sanidad.

Entender esto le capacita para ver el gran poder que hay disponible para usted ahora. Es lo mismo que cuando Jesús caminaba por las orillas de Galilea. La única diferencia es que usted tiene MÁS en lo que basar su fe, porque su testimonio ha sido establecido y corroborado miles de veces y más desde entonces.

Cuando Lidia tocó el borde del manto del Señor, la Palabra declara: *"Luego Jesús, conociendo en sí mismo el poder que había salido de él, volviéndose a la multitud, dijo: ¿Quién ha tocado mis vestidos?"* (Marcos 5:30).

El poder que *"había salido de él"* era el poder del Espíritu Santo fluyendo a través de su ser. No significaba que Él tuviera menos de ese poder porque Lidia le había tocado, sino que otro a través de Él lo había recibido.

Generalmente pensamos en el poder como "un tipo específico de bondad" o característica. Eso es cierto. El tipo de bondad en este caso es la naturaleza divina, la perfección, la santidad y justicia del Dios Todopoderoso. Este es un punto en el que muchos fallan en su entendimiento de cómo Dios obra en la sanidad del cuerpo, o al responder la oración para cualquier beneficio o bendición. Fallan a la hora de ver que están pidiéndole a Dios que les toque con el alto cénit de la absoluta pureza, el poder de la santidad perfecta. Eso es su poder.

Deberíamos saber, no obstante, que esto requiere una consideración en oración; esa limpieza de corazón sincera, ferviente y honesta debería preceder a cualquier petición de que el Señor ejerza este poder para nuestro beneficio. Es mucho mejor que acudamos a Él rogando su misericordia: "Señor, limpia mi corazón con la preciosa sangre del Cordero. Hazme puro y limpio de todo mi pecado. Que mi corazón sea recto ante tus ojos", que acudir con la actitud de que Él debe sanarnos a pesar de la pecadora condición de nuestra vida, o sin deseo alguno por nuestra parte de servirle, o de darle gloria en el testimonio después de que nos sane. Recuerde: usted pide una parte de Dios cuando le pide que le dé su poder.

En otras palabras, acuérdese de acudir al Señor con todo el calor del corazón y la gran reverencia que sentiría si de repente se viera confrontado por la Persona del Hijo de Dios, porque el Espíritu Santo es Dios del mismo modo que Jesús es Dios, y como el Padre es Dios.

Jesucristo ahora está sentado a la diestra de Dios Padre en gloria. Aún tiene el cuerpo del Calvario y lleva las cicatrices de la crucifixión. Él es nuestro Salvador, y ocupa la posición de Sumo Sacerdote.

El Espíritu Santo está aquí. Está con nosotros ahora. Podemos sentir su presencia, practicar su presencia, utilizar su presencia, alabar a Dios en su presencia y vivir bajo la sangre de Jesús en su presencia.

Sea dicho que este poder sanador se obtiene a través de Cristo, y de ninguna otra forma. Todo lo que se hace mediante el Espíritu Santo se hace en el nombre de Jesús, y el Espíritu Santo definitivamente le guiará a dar a Jesús toda la gloria por su sanidad después de que Él le haya tocado. El Espíritu Santo está llevando a cabo el mandato de Jesús cuando Él está con usted, cuando le bendice, cuando le guarda, cuando le sana. Recuerde que Jesús envió al Espíritu Santo cuando regresó al Padre en el cielo.

Para que nadie sienta que a la obra de sanar cuerpos enfermos se le da más importancia que al ministerio mayor del Espíritu Santo de dar convicción y conversión al incrédulo, debemos destacar referente a esto que el mismo poder que sana cuerpos enfermos también convence y salva. Solo hay un Espíritu Santo, y siempre y dondequiera que está presente para sanar a los enfermos, Él también está presente con un poder de avivamiento. De hecho, muchos grandes avivamientos han surgido del obrar de milagros de sanidad. Eso ocurrió en el ministerio del Señor hasta tal punto que incluso Él dijo que estaba sanando para que creyeran para salvación.

Los miembros de las iglesias hoy necesitan dejar de limitar el ministerio del Espíritu Santo, y comenzar a orar y creer que Dios enriquecerá y aumentará la obra de la tercera Persona de la Trinidad en su bendita plenitud. Jesús envió al Espíritu Santo para que fuera como Él mismo entre nosotros hasta el final de este tiempo, el cual terminará cuando regrese en el arrebatamiento.

El "toque del Señor" es el movimiento del Espíritu Santo en nosotros, mediante nosotros y para nosotros. Él suplirá cualquier necesidad en su vida cuando usted simplemente crea a Dios.

Cómo tocar al Señor

En el relato de Marcos de la sanidad de Lidia, a ella se la menciona como *"una mujer"* (Marcos 5:25), y del mismo modo usted es un hombre o una mujer a los ojos del Señor hoy. Es como si usted fuera la única persona del mundo que necesitara su toque, y aunque quizá usted se encuentre entre una gran multitud, Dios le seleccionará si usted le toca en fe.

Mateo narra que Lidia *"decía dentro de sí: Si tocare solamente su manto, seré salva"* (Mateo 9:21). Su discusión y persuasión estaban dentro de su propio corazón. Ella sabía en su interior que Jesús la sanaría, y fue sanada. Así es como se "toca" al Señor: esté totalmente persuadido en su propio corazón de que Él suplirá su necesidad.

Lidia necesitaba urgentemente la ayuda del Señor. Esa necesidad era tan grande, que todas las cosas menores fueron relegadas a lugares de menor importancia en su consideración. El pensamiento que la consumía era la sanidad de su cuerpo. Estaba desesperada con este asunto. No se acercó al Señor con la idea de que SI Él la sanase sería maravilloso; y que SI Él no la sanaba, tampoco la sorprendería mucho ni se decepcionaría. Su necesidad era demasiado grande para eso. Ella ya sabía que, médicamente hablando, no había ayuda. Ella fue a Jesús con todo su corazón y su mente así como con su cuerpo enfermo. Así es como se toca al Señor: con un corazón íntegro y una mente decidida a que Él obrará en la necesidad del momento.

Lidia no tenía otra esperanza. Era Jesús y solo Jesús quien tenía la respuesta a su dilema, y todos los que llegamos a ese lugar de concentración de nuestra necesidad y nuestra fe seguramente experimentaremos el toque de sanidad del Señor.

A veces no es fácil llegar hasta el Señor, porque hay obstáculos como Lidia experimentó. Había que considerar su debilidad.

Su fortaleza y la sangre de su vida le faltaban. Además, cientos de personas rodeaban a Jesús, cada una buscando para sí misma una mejor vista, oír mejor o gratificar su curiosidad o el hambre de su corazón. La gente a menudo está en el camino cuando uno está intentando acercarse a Jesús, acercarse lo suficiente para estirarse y poder tocarle. La mayoría de las ocasiones son personas bienintencionadas, pero tenemos miedo a lo que pensarán o lo que dirán. En cambio, necesitamos ser animados a confiar en el Señor, y esta seguridad se encuentra muchas veces en nuestras rodillas en oración.

¡Prosiga, amado, prosiga! No importa quién pueda interponerse en su camino, prosiga. No tiene que dar explicaciones ni hacer audible su determinación, sino solo proseguir persistentemente hasta Jesús. Lidia hizo un esfuerzo desesperado por llegar hasta el Señor, y Él estuvo ahí para honrar su fe y para suplir su necesidad. Ella meramente tocó el borde del manto del Señor. No le tocó a Él, no le dio un tirón, sino que tocó tan solo su manto; pero eso fue suficiente. Eso provocó ese gran poder del Espíritu Santo que recorrió su cuerpo y la sanó de nuevo. No, Lidia no era digna de tocar a Jesús (ni tampoco lo somos nosotros); sin embargo, ella sabía que Él perdonaba pecados cuando sanaba, y que sanaba todo tipo de enfermedades y dolencias. Sabía que Él nunca había rechazado a nadie de los que habían acudido a Él, y sabía cómo reverenciarle como el Santo, el Hijo del Dios viviente.

La oración de fe

La verdadera oración de fe puede ser eso y nada más. Parecería según el relato que la palabra de Jairo a Jesús fue ese tipo de oración: *"Mi hija está agonizando; ven y pon las manos sobre ella para que sea salva, y vivirá"* (Marcos 5:23). Por supuesto que Jesús fue, e incluso aunque la niña había muerto antes de que llegara junto a ella, resucitó por el poder de Dios. No importa cuál sea la necesidad, Jairo vio a Jesús preparado, dispuesto y capaz de sanar.

La oración de fe es en realidad el acto de corazón de recibir lo que pedimos al Señor que haga. *"Es, pues, la fe la certeza de lo que se espera..."* (Hebreos 11:1). *"Creed que lo recibiréis"* (Marcos 11:24). No es el mero acto de pedir al Señor y ciertamente no la condición de rogar. Es el acto del corazón de recibir del Señor con el conocimiento positivo de que las evidencias materiales se deben dar a conocer para agrado de Dios, para su propio bien y para la gloria de Dios.

Quizá usted está diciendo en este momento: "Daría cualquier cosa en el mundo por una fe como esa"; pero no comience a intentar medir su fe para ver lo grande o lo pequeña que es. Cuando haya terminado, probablemente le parecerá que no tiene nada de fe. No intente "sacar su fe" y mirarla. Su fe es el resultado, en un momento dado, de la relación de su corazón con Jesús. Seguro que ha experimentado momentos en los que ha ejercido una gran fe, y otras veces en que siente que su fe es pequeña. Comience su tiempo de peticiones con consagración, con alabanza, con adoración... *"Por nada estéis afanosos, sino sean conocidas vuestras peticiones delante de Dios en toda oración y ruego,* ***con acción de gracias****"* (Filipenses 4:6).

La oración de fe no es el resultado de haber usado una vara de medir para encontrar un nivel de su estado de credulidad en un momento dado. Ni tampoco es el hecho de que en algún momento usted recibiera una respuesta poderosa a una oración, prueba definitiva de que usted ahora tiene fe; ni el hecho de que nunca tuvo una respuesta reconocida a la oración, cualquier razón para creer que no puede hacer la oración de fe hoy.

Su fe es el resultado de la relación de su corazón con Jesús. Seguro que hay veces en que ejercitará una gran fe y otras veces en que sentirá que tiene una fe muy pequeña. Por esta razón, la fórmula prescrita comienza con alabanza, adoración, consagración y agradecimiento por los favores y bendiciones pasados. Por eso la fe es grande cuando hay en progreso un avivamiento espiritual; por esta razón un hijo de Dios, asombrado por la belleza de Jesús, la certeza de la Palabra, la bondad del Padre y la dulce presencia del Espíritu, puede creer fácilmente para recibir cualquier cosa y todo.

La oración de fe, entonces, debería ser la experiencia de cada creyente, enriqueciendo su testimonio, alegrando su corazón y una fuente de alabanza para Aquel que oye y responde las oraciones.

Viaje a la Palabra y al Espíritu

1. ¿Cómo le está llamando Dios a "tocar el borde de su manto"? ¿Hay algo específico que Él le esté pidiendo hacer para perseguir su sanidad?

2. Pídale al Señor el don de fe. Examine las Escrituras y pídale a Dios que le revele verdades acerca de este don de fe. ¿Qué es lo que ya conoce de este don?

3. Pase un tiempo adorando al Señor y dándole gracias por su presencia, amor y fidelidad. Pídale que le permita experimentar tangiblemente su presencia llenándole. ¿Puede sentir su toque sanador?

Capítulo extraído del libro de Kathryn Kuhlman *The Lord's Healing Touch* (Pittsburgh, PA: The Kathryn Kuhlman Foundation, 1960), 133–149.

Acerca de la autora

Kathryn Kuhlman fue una reconocida evangelista que realizaba servicios de milagros por todos los Estados Unidos. El 4 de julio de 1948 lanzó su primer servicio de milagros en Carnegie Hall en Pittsburgh, Pennsylvania. Durante décadas, se convirtió en una popular evangelista, especialmente después de que expandiera su alcance a los medios y pasara de la radio a la televisión con su programa *I Believe in Miracles*. A través de su programa de televisión y sus reuniones, miles de personas fueron salvas y experimentaron sanidad. Para más información sobre Kathryn Kuhlman, visite www.kathrynkuhlman.com.

EL REINO DE PODER

Guillermo Maldonado

15

EL REINO DE PODER

Guillermo Maldonado

La fe es para el reino de Dios lo que la moneda es para una nación. En la sociedad de hoy, las monedas más fuertes del mundo están perdiendo su fuerza, el poder de adquisición está fluctuando y la mayoría de las personas no se sienten financieramente seguras. Sólo el reino de Dios es inconmovible. Su moneda siempre es fuerte y nos permite adquirir todo lo que necesitamos del ámbito eterno. Sin embargo, para recibir lo que hay en la eternidad, debemos entender qué es la fe, cómo funciona y cómo caminar de acuerdo a la misma.

¿Qué es la fe?

Después de estudiar Hebreos 11:1, exhaustivamente, desarrollé lo siguiente como un resumen de lo que creo es su significado esencial:

Ahora, la fe es, y es la realidad del fundamento principal donde la esperanza está, la convicción de todo lo que verdaderamente existe, y el control de las cosas que no vemos.

Permítame exponer esta declaración de acuerdo a sus diferentes partes, a medida que continuamos explorando la pregunta, "¿Qué es fe?".

1. *"Ahora…"*

El hombre ha puesto en el futuro lo que Dios puso en el presente. En la mente y en el ámbito de Dios, el presente y el futuro existen juntos y la fe es la moneda con la cual obtenemos el futuro *ahora*. No creo que Él haya querido que hubiera demora entre la voluntad del cielo y la manifestación de esa voluntad en la tierra —"*Venga tu reino. Hágase tu voluntad, como en el cielo, así también en la tierra*" (Mateo 6:10)—. Dios no "trató" de crear la luz en la tierra diciendo cien veces: "*Sea la luz*" (Génesis 1:3). Él sólo lo dijo una vez y hubo luz.

Por la fe entramos en el "meridiano o huso horario" del reino, en el "ahora" de Dios.

Cuando Jesús manifestó lo sobrenatural, su fe obró de acuerdo a la guía del Espíritu Santo y la *jréma* de Dios para ese momento. (Vea Mateo 4:4). Él dijo:

> *No puede el Hijo hacer nada por sí mismo, sino lo que ve hacer al Padre; porque todo lo que el Padre hace, también lo hace el Hijo igualmente.* (Juan 5:19)

Asimismo, debemos depender de Dios a diario para que nos muestre lo que hace en el cielo, de modo que podamos hacerlo también en la tierra. (Vea Romanos 8:14). Así es como recibimos manifestaciones inmediatas del ámbito eterno y evitamos meternos en problemas, tratando de declarar algo por nuestra cuenta. Note que cuando Cristo ministró en la tierra, no había demora entre la palabra declarada y su manifestación. Vemos ejemplos de esto en la liberación de la hija de la mujer sirofenicia (vea Marcos 7:29–30), la liberación del hombre poseído por demonios (vea Marcos 9:25–27), cuando Jesús calmó la tormenta en el mar (vea Marcos 4:38–39), y en la resurrección de Lázaro (vea Juan 11:43–44).

Cristo operó en la fe revelada del aquí y ahora. Cada milagro que hizo fue en el ahora.

Jesús no confesó cien veces: "¡Lázaro, sal fuera!". Sólo lo llamó una vez y el hombre, que llevaba muerto cuatro días, salió vivo de la tumba. Jesús recibió una *jréma* del Espíritu Santo acerca de esta situación y el tiempo en que Lázaro resucitaría. Note también que Jesús nunca oró por los enfermos ni por los endemoniados cuando los curó —en ninguna parte de la Biblia dice que Él oró por ellos—. Tampoco le dijo a nadie: "En algún momento del futuro serás sano". Más bien, Jesús declaró a los enfermos sanos y ¡ellos fueron sanados! Sólo hizo declaraciones como *"Queda sana de tu azote"* (Marcos 5:34), *"Levántate, toma tu lecho, y anda"* (Juan 5:8), y *"Recíbela, tu fe te ha salvado"*. (Vea, por ejemplo, Lucas 18:42). De la misma manera, echó fuera a los demonios y ¡ellos huyeron de inmediato!

Jesús habló basado en la verdad y no en los hechos como se ven en el mundo natural. Cada milagro que hizo se cumplió porque Él habló con fe desde el ámbito eterno, como resultado de una palabra revelada en el presente. Si Jesucristo hizo esto, nosotros también podemos hacerlo. (Vea Juan 14:12). Lea el libro de los Hechos y verá que no hay lapso de tiempo entre las declaraciones de los apóstoles y las manifestaciones visibles del poder de Dios. En mi propio ministerio, los milagros más poderosos que he visto se han manifestado en el instante en que la palabra sale de mi boca. Veremos los milagros más extraordinarios de todos los tiempos, cuando recibamos y practiquemos la revelación de que la fe es ahora. A medida que nuestra vieja mentalidad va siendo renovada, todo lo que digamos, declaremos y oremos ya no será para el futuro sino en el ahora.

En Cristo, todo es en el ahora. Fuera de Él, todo está sujeto al tiempo.

Melina García, de Colombia, sufría de Alopecia Areata (pérdida de cabello) desde los doce años. Los médicos no podían encontrar la causa ni la cura. Pensaban que su condición había sido producida por el estrés o una deficiencia de vitaminas, pero ningún tratamiento funcionaba. Cada vez que se peinaba, perdía una cantidad significativa de cabello. La gente la miraba y eso la incomodaba, así que trataba de arreglarse el pelo para cubrir las partes calvas. Finalmente, esta condición había causado que su autoestima se deteriorara.

Melina asistió a una CAP (Conferencia Apostólica y Profética) en Colombia, patrocinada por el Ministerio El Rey Jesús, y oró por un milagro. Durante una de las sesiones, mientras declaraba salud sobre diferentes enfermedades, el Espíritu Santo me guio a declarar que crecía cabello en la gente calva. Instantáneamente, Melina sintió un peso sobrenatural descender sobre ella y cayó al suelo. Cuando se levantó, se examinó la cabeza y ¡sintió cabello nuevo! ¡Cada lugar en donde antes había calvicie ahora estaba cubierto de cabello! Luego, regresó a ver al médico, quien no podía explicar qué había sucedido. Su milagro no fue para el futuro sino en el ahora.

El futuro es el presente eterno, pospuesto.

Yo veo milagros como el de Melina dondequiera que voy, y toda la iglesia de Jesucristo puede presenciar milagros similares, multiplicados por mucho más, si seguimos expandiendo el reino de Dios en la tierra. La única condición es que ejerzamos constantemente la medida de fe que Él nos ha dado. Cuando hagamos esto, nuestra fe aumentará de modo exponencial porque cuanto más usamos nuestra fe, más fe recibiremos.

> *Porque yo soy Dios, y no hay otro Dios, que anuncio lo por venir desde el principio.* (Isaías 46:9–10)

Muchos de nosotros fuimos entrenados para orar y esperar un tiempo indefinido hasta que algo suceda; pero Dios es un Dios del aquí y ahora. Él anuncia "*lo por venir desde el principio*". Por lo tanto, si declaramos que algo se manifestará en una semana, mes o año, lo que hacemos es demorar la manifestación o materialización en el presente. Cuando creemos que los milagros tomarán lugar en "algún" momento, son como aviones estancados, sobrevolando el aeropuerto en círculos, sin poder aterrizar. Sin embargo, podemos eliminar todas las demoras si vivimos en el ahora, de modo que los milagros puedan "aterrizar" y los podamos recibir.

La gente a menudo prefiere creer por sanidad en lugar de milagros porque la sanidad es casi siempre progresiva (vea, por ejemplo, Marcos 16:18) y demanda menos riesgo de nuestra fe. En contraste, los milagros suceden instantáneamente; así que requieren una respuesta inmediata de quienes los reciben. Si no respondemos al instante, podemos perderlos. Algunas bendiciones en nuestra vida están detenidas porque hemos establecido una fecha futura para su llegada. Cuando combinamos una jréma con la fe del "ahora", podemos recibirlas hoy.

La fe toma algo del "futuro" eterno y lo materializa en el presente.

2. "*La fe es…*"

Antes de nacer en la tierra, existíamos en la eternidad. En Dios, primero "somos" en el ámbito espiritual y después nos manifestamos en el ámbito físico. Esto es porque Dios determina el propósito de algo antes de crearlo, y lo termina antes de comenzarlo. Nuestro trabajo es descubrir lo que "hay" en el ámbito eterno de Dios para poder traerlo a nuestro ámbito físico por medio de la fe.

En la cultura occidental, la mayoría de la gente invierte este proceso. En lugar de comenzar con quienes son, "hacen" cosas para tratar de ganar la aceptación de otros y entonces poder "ser" alguien. Así es como la gente se hace esclava de la opinión pública y nunca llega a saber quién realmente es.

La Escritura dice:

> *Porque cual es su pensamiento en su corazón, tal es él.*
> (Proverbios 23:7)

Para operar en el reino de Dios, comenzamos con quienes "somos" en la eternidad. Cuando sepamos que somos hijos amados de Dios, escogidos desde antes la fundación del mundo (vea Efesios 1:4) y descubramos la persona que Él nos creó para ser, pensaremos y actuaremos desde esa perspectiva. Todo se desarrolla desde nuestra identidad y nuestra existencia en Él. Nuestro "ser" nos llevará a nuestro "hacer", y no al revés. ¡No podemos aspirar a "ser" algo porque ya lo "somos"!

Usted es un hijo de Dios con un propósito único; y como está en Cristo, recibe toda bendición espiritual de Él. (Vea Efesios 1:3).

Dios lo diseñó para que fuera salvo, justo, santo, en paz, gozoso, feliz, bendecido, saludable, libre, próspero y más. No tiene que esperar un día en el futuro para ser salvo, próspero y todo lo demás, porque ¡ya "es" todo eso! ¡Recíbalo ahora!

La fe nos permite permanecer en un estado de "ser" sobrenaturales, en el ahora.

3. *"La realidad del fundamento principal donde la esperanza está..."*

Esta frase refleja la siguiente porción de Hebreos 11:1: "la certeza de lo que se espera...". El vocablo griego traducido como "certeza" es jupóstasis, que significa "sentarse debajo de (respaldo)". En términos figurativos, significa "esencia" o "seguridad". Entre otros también es "confianza" y "sustancia" (STRONG, G5287).

Básicamente, ejercer fe significa "sentarse" en la palabra que Dios nos dio; descansar en ella; someternos a ella sabiendo que Dios la cumplirá. Cuando descansamos, estamos en fe. Cuando nos preocupamos, no estamos en fe; como resultado, nuestra esperanza —en el sentido de una expectativa segura— no tiene sustancia. La fe es la seguridad de que lo que creemos es real y legalmente nuestro. Nadie puede tener una escritura legal de una propiedad que no existe. La fe es la prueba auténtica o fiable que garantiza la existencia de lo que creemos. Aunque todavía no lo hemos visto con nuestros ojos naturales, es una realidad porque Dios lo prometió.

La fe "es"; y no tenemos esperanza en algo que "es" sino en algo que será. (Vea Romanos 8:24–25). La esperanza es para el ámbito del tiempo, la fe es para ahora. Si la salvación, sanidad y liberación existen ahora, entonces ¿por qué todavía esperamos que lleguen?

Esperar es aplicar la esperanza a asuntos donde debería operar la fe. Por ejemplo, la esperanza nos habilita para esperar la segunda venida de Cristo en gloria, pero la fe nos habilita para esperar y recibir salud, salvación, prosperidad y milagros, aquí y ahora.

La fe actúa y se afirma en lo que Dios ha predeterminado, generando expectativa.

Dios está desatando una expectativa sobrenatural en los creyentes. Durante una conferencia de líderes en Argentina, conocí a Oliver Inchausti, un niño de siete años, sordo de nacimiento de su oído derecho, porque éste no se había desarrollado apropiadamente y estaba deforme, no tenía orificio. La sordera de Oliver afectaba, considerablemente, su habilidad para interactuar con su entorno y desarrollar la capacidad del habla. Su madre había consultado varios médicos, los cuales le dieron diferentes consejos. Algunos decían que ni siquiera podían saber si Oliver tenía tímpano porque era demasiado pequeño; un especialista le sugirió llevarlo a Cuba para someterlo a una cirugía, mientras, unos médicos brasileños dijeron que podían hacerle una cirugía que le permitiría oír a través del hueso, y otros cirujanos plásticos opinaban que no podían hacer nada hasta que fuera adulto.

Oliver y su madre asistieron a la conferencia de líderes; cuando llamé a todos los sordos al frente para demostrar la fe en el ahora, ellos pasaron al altar. Este niño llevaba años anhelando un milagro, así que estaba a la expectativa de que algo sucediera. Puse mi mano sobre su oído sordo y declaré el milagro. Luego, su madre puso su mano sobre el oído bueno y uno de mis médicos lo probó hablándole al oído sordo desde atrás. Apenas el médico dijo una palabra, Oliver la repitió claramente y sin dudar. ¡Podía oír perfectamente! El doctor lo examinó y vio que el pequeño orificio había crecido.

¿Puede imaginar lo que pasaría si toda una congregación estuviera a la expectativa de recibir algo de Dios? En mis viajes ministeriales, a menudo experimento la demanda de fe, sobre el manto de milagros que Dios me ha dado, de gente con gran expectativa. Cuando esto sucede, se desatan milagros, señales y maravillas entre ella.

Cómo vivir y moverse en la fe del "ahora"

Si está estancado en su fe, significa que ha hecho todo lo que está en su poder o conocimiento pero que se le han acabado los recursos personales. Necesita fuentes nuevas, las cuales Dios le provee hoy. Paso a paso, puede ir *"de fe en fe"* (Romanos 1:17). Dios quiere moverlo a la dimensión de la fe que es en el aquí y ahora, para manifestar milagros, señales, prodigios y aceleración en el avance de su reino.

Lo que estoy a punto de enseñarle son principios y revelaciones que he observado y experimentado en el transcurso de más de veinte años en el ministerio. Si los cree y los practica, le prometo que hará lo mismo que yo he estado haciendo y aun mayores cosas. Caminar, vivir y moverse en la fe del "ahora" requiere los siguientes pasos:

Opere su fe desde un lugar de justicia

> *He aquí que aquel cuya alma no es recta, se enorgullece; mas el justo por su fe vivirá.* (Habacuc 2:4)

Fuimos salvos y justificados por la fe, y sólo por ella podemos funcionar y vivir en el reino de Dios. La justicia es el fundamento de la fe. Podemos tener fe para creer y declarar una manifestación desde el ámbito eterno, pero si no estamos bien con Dios en algún área de nuestra vida, nuestra fe puede ser anulada. Por ejemplo, si no diezmamos u ofrendamos a Dios, nuestra fe para las finanzas o un trabajo no funcionará, aunque creamos con gran celo; porque le estamos robando a Dios. No tendremos acceso a los beneficios que Dios les ha prometido a los que diezman. En la familia, si un cónyuge abusa del otro, su fe será ineficaz. (Vea 1 Pedro 3:7).

Este principio es aplicable a toda área de nuestra vida y ministerio. Aunque Dios desee apoyar nuestras creencias y declaraciones, no puede hacerlo porque estaría yendo en contra de su Palabra y su justicia.

El reino de las tinieblas, ¿sabe cuando no andamos en justicia? ¡Claro que sí! Los demonios saben si no estamos ejerciendo nuestra fe correctamente porque ellos viven en el ámbito espiritual y pueden ver cuando nuestra fe tiene sustancia o si le falta la integridad de la justicia. Debemos detenernos en este instante y preguntarnos si hay injusticia en algún área de nuestra vida. Si es así, debemos arrepentirnos y dejar que la sangre de Cristo nos limpie. Esto activará la justicia del reino en nosotros y Dios podrá bendecirnos según lo que ha prometido.

La ley de la justicia hace operativa la fe;
la injusticia la vuelve inoperante.

Ande por fe y no por vista

Porque por fe andamos, no por vista. (2 Corintios 5:7)

La *"vista"* representa las limitaciones de nuestro ambiente natural, nuestro entorno, circunstancias, dificultades, obstáculos, enfermedades, escasez, imposibilidades y más; todo lo cual es opuesto a la fe. Para levantarnos por encima de esto, debemos adquirir una perspectiva y realidad diferentes. Si nuestros pensamientos están consumidos por una situación, problema u obstáculo difícil, no estamos viviendo por fe. El mundo natural es inestable; es inseguro y temporal, mas Dios no cambia. Cuando caminamos por fe y no por vista, nuestra realidad ya no depende de nuestro medio ambiente o circunstancias, sino de la realidad eterna de Dios, y nos convertimos en todo lo que Él nos ha llamado a ser.

Todo lo que no es eterno está sujeto a cambio.

Alguna gente camina en un "optimismo neutral" en lugar de hacerlo por fe. Por ejemplo, dicen: "Si sucede un milagro, es la voluntad de Dios, pero si no sucede, no es su voluntad". Jesús no predicaba ni actuaba de acuerdo con esta mentalidad, pero gran parte de la iglesia parece haberla adoptado, y por ende, haberse conformado a una mentalidad de "probabilidad". Si oramos por sanidad y nada sucede, está bien. Si oramos por provisión y nada sucede, eso también está bien. Esta actitud desconectada revela nuestra apatía y demuestra nuestra falta de expectativa para recibir de Dios.

Otras personas caminan de acuerdo a la confianza, en lugar de la fe. A veces, estos términos son usados de forma intercambiable. Sin embargo, por lo general, la confianza es un sentimiento que opera en las relaciones, mientras la fe es una sustancia celestial que opera en el ámbito espiritual y no depende de emociones ni circunstancias. La confianza opera desde nuestro conocimiento mental, y experiencia emocional, de la fidelidad y competencia previas de una persona; pero la fe opera desde el conocimiento revelado en el ahora, dado por el Espíritu Santo a nuestro espíritu. Entonces, en los asuntos espirituales, nuestra confianza no va a operar mas allá de lo que conocemos o hemos experimentado personalmente de Dios; no nos llevará a creer en lo que todavía no hemos recibido de Él. Se necesita fe para moverse de lo que ya hemos visto, oído o sentido, a lo nuevo que el Espíritu Santo revela.

La fe es un caminar continuo y sobrenatural, con Dios, en el ahora.

Ahora mismo, decida levantarse por encima de los lugares, la gente y las cosas que evitan que camine y crezca en fe. Comience a edificar una nueva atmósfera de fe en su vida y en su hogar. No se conforme a lo temporal; entre al ámbito espiritual donde la fe puede cambiar su realidad. La enfermedad, los problemas, la adversidad y las pruebas nunca fueron destinados a ser permanentes; sin embargo, hemos aprendido a tolerarlos y los hemos convertido en algo permanente al decir: "*mi* enfermedad, *mi* cáncer, *mi* dolor, *mi* depresión...". Hablamos de estas cosas como si nos pertenecieran, pero ¡no nos pertenecen! ¡Repréndalas ahora mismo!

Todo aquello a lo que nos conformemos se convertirá en nuestra realidad y mentalidad.

Levántese por encima del razonamiento humano a través del Espíritu y la Palabra

Todo lo que es posible en el cielo es rechazado por el razonamiento humano, porque está fuera de nuestra experiencia natural. No encontraremos la fe hasta que nos levantemos por encima de la razón, porque Dios nos pedirá, continuamente, hacer cosas que no tienen sentido para nuestro intelecto finito. Los milagros, señales y prodigios van más allá de la habilidad de nuestra mente natural para comprender, porque su propósito es demostrar y manifestar lo sobrenatural.

Si usamos la razón para evaluar una enfermedad, situación, adversidad o calamidad, esto puede tornarse en algo mortal. ¿Qué hace un médico cuando debe explicarle a un paciente que tiene una enfermedad terminal? Trata de convencerlo de que se adueñe de la enfermedad y de que saque lo mejor de ella, porque no hay nada más que hacer. El médico puede tener las mejores intenciones con el paciente, pero está debilitando su fe. Si el doctor le dice a alguien que le queda poco tiempo de vida, la fe del paciente es lo único que puede romper esa palabra, porque la fe puede entrar en la eternidad y sacar de allí lo que se necesite en el ahora. Yo respeto a los médicos y a la medicina; son útiles a la humanidad. También se que la enfermedad es un hecho. No le digo a la gente que niegue los hechos, pero afirmo que hay verdades eternas, como la sanidad divina, que están por encima de los hechos temporales como la enfermedad.

La verdad que existe por encima de la realidad presentada por el médico es que la muerte de Jesús en la cruz proveyó nuestra sanidad. Sabiendo esto, debemos decidir a quién le vamos a creer. ¿Le creeremos al médico o a Dios? ¿Al diagnóstico o a su Palabra? ¿A la enfermedad o a la fe?

La fe es la habilidad de creer lo que la razón encuentra sin sentido.

El Espíritu Santo nos capacita a pasar por encima de nuestra razón y sentido común. Cuando recibimos el bautismo del Espíritu Santo, recibimos el don de hablar en lenguas espirituales o en lenguas que nuestra razón no entiende. (Vea, por ejemplo, Hechos 10:44–47; 1 Corintios 14:2). Dios nos dio las lenguas para hacerle un circuito alterno a nuestra mente, de modo que podamos comunicarnos con Él y recibir de Él en el ámbito espiritual. Si todavía no ha sido bautizado con el Espíritu, pídale a Dios que le dé este don de su poder y presencia sobrenaturales; luego, deje de prestarle atención a las circunstancias y comience a declarar y a obedecer, por fe, la *jréma* que recibe del Espíritu. Además, no pierda la bendición simplemente porque es difícil de entender. Entender no es un requisito para obedecer a Dios; vivir por fe siempre conlleva cierto porcentaje de riesgo.

En consecuencia, nuestra realidad debe ser determinada por la verdad —la Palabra de Dios— la cual opera por encima del razonamiento humano como el nivel más alto de realidad. Mi trabajo, como maestro de la Palabra, incluye lidiar con la incredulidad de las personas que tratan de "razonarlo todo". Trabajo junto al Espíritu Santo y la verdad de las Escrituras para demostrarle a la gente que su razonamiento no tiene sentido para las leyes del ámbito sobrenatural. Entonces, a medida que sus ojos espirituales se abren, hacen a un lado la razón y llenan el vacío con la lógica de Dios, lo sobrenatural comienza a tener sentido, porque ven desde el punto de vista de Dios.

El Pastor David Alcántara, de Honduras, uno de mis hijos espirituales, reportó que "un hombre llamado Manuel, chofer del presidente de nuestro país, sufrió un terrible atentado contra su vida. Un día, después de dejar al presidente, unos asesinos a sueldo lo siguieron, creyendo que era el presidente, y balearon el auto. Manuel fue llevado al hospital al borde de la muerte. Su esposa, desesperada, llamó a un líder de nuestro ministerio, para pedirle oración. Una de las piernas de Miguel estaba tan mal que los médicos habían decidido amputarla. Su esposa hizo un pacto con Dios y, esa noche, mientras ministraba en el poder sobrenatural, el Espíritu Santo puso en mi corazón enviar la palabra de sanidad a la vida de Manuel. Declaré que Dios haría huesos, piel, arterias, venas, nervios y más en su pierna. Al siguiente día, los doctores tenían listos los instrumentos necesarios para la amputación, pero cuando le quitaron las vendas de la pierna, para su sorpresa, encontraron una pierna completamente sana. ¡Incluso tenía piel nueva!".

Párese firme en la verdad, no en hechos

La fe se basa en la verdad. Mientras crea que tiene otra opción o alternativa, no podrá comprometerse a creer.

Cuando los tiempos se ponen difíciles, algunos creyentes comprometen la verdad. Sin embargo, Dios no tiene un plan "B" en reserva, porque si lo tuviera, ya no sería soberano ni eterno, y su reino no sería inconmovible. Debemos permanecer firmes y creer lo que Dios dice. En medio de una crisis o problema, podemos estar seguros de que Él nunca cambia sus pensamientos, sus planes o su poder hacia nosotros y nuestro propósito, provisión, sanidad y liberación. Dios no cambia en estas cosas y ¡nosotros tampoco deberíamos cambiar!

Si el médico declara enfermedad o muerte sobre usted, no lo acepte. Use la fe de Dios y aprópiese de su sanidad. Si acepta las palabras del médico, se está conformando al deseo de enemigo de destruirlo. Lo que el médico dice es verdad y es un hecho temporal, pero no es la *verdad* de Dios para su vida. Nuestra herencia en Cristo es la salud del reino. Por lo tanto, cancele la influencia de esas palabras con el poder de la fe de Dios. Use la moneda del reino para apropiarse del milagro y dígale al médico: "No acepto este diagnóstico".

Cuando los hechos cambian, los sentimientos también cambian; pero la fe está firmemente plantada en la verdad.

Vene Labans, de Sudáfrica, había sido diagnosticada con VIH hacía seis años atrás. Unos días antes de nuestra conferencia acerca de lo sobrenatural, en East London, Sudáfrica, un amigo la invitó a la reunión. Ella estaba reacia pero, al fin, decidió ir. El domingo prediqué acerca de "El evangelio del ahora", diciendo que si usted cree, recibirá su milagro. Hice el llamado al altar para todos los que eran VIH positivo o tenían cáncer. Vene se acercó al altar, dispuesta a usar su fe para ser sana. Uno de mis ministros declaró sanidad sobre ella, y esta mujer sintió un calor fluir por todo su cuerpo. Al día siguiente, tenía una cita en la clínica para recibir sus medicamentos mensuales, pero una amiga le insistió que se hiciera los exámenes nuevamente, para confirmar su sanidad; así que Vene pidió que le practicaran nuevos exámenes. Para la gloria de Dios, ¡los resultados dieron negativos!

En un día, la vida de Vene fue transformada por completo. Su enfermedad era temporal; llegó a su fin cuando se encontró con el poder de Dios. "Esta conferencia ha cambiado mi vida por completo. ¡Me ha dado gozo, salud y todo lo que necesitaba!", dijo Vene.

La fe es donde comienza lo sobrenatural.

Si nos conformamos a lo que dice el mundo natural, terminaremos aceptándolo como si fuera la última palabra y esto nos gobernará. Cuando esta clase de pensamientos se establece en nuestro corazón, no podemos recibir lo sobrenatural, y nos convertimos en imanes para la enfermedad, la pobreza, la escasez, la depresión y el dolor. Debemos establecer, en nuestro corazón, la verdad que sobrepasa la realidad temporal. Reciba todo lo que Jesús proveyó en la cruz, ¡ahora mismo!

La verdad es lo único que puede desafiar los hechos, porque es el nivel más alto de realidad y opera más allá de los hechos.

Viaje a la Palabra y al Espíritu

1. "La fe actúa y se afirma en lo que Dios ha predeterminado, generando expectativa". ¿Qué cree que Dios ha predeterminado para usted?
2. ¿Cómo podría usted estar caminando por vista y no por fe? Arrepiéntase de este pecado y camine hacia delante en la gracia de Dios.

Capítulo extraído del libro del Apóstol Guillermo Maldonado *El Reino de Poder: Cómo Demostrarlo Aquí y Ahora* (New Kensington, PA: Whitaker House, 2013), 226, 230–243, 246–248.

Acerca del autor

Activo en el ministerio durante más de veinte años, el Apóstol Guillermo Maldonado es el pastor principal y fundador del

Ministerio Internacional El Rey Jesús, una de las iglesias multiculturales de mayor crecimiento de los Estados Unidos en Miami, Florida. El Apóstol Maldonado ha escrito más de cincuenta libros y manuales. Visite www.elreyjesus.org para más información.

EL SISTEMA DE SALUD DEL REINO

Cal Pierce

16

EL SISTEMA DE SALUD DEL REINO

Cal Pierce

Si la enfermedad es parte de la maldición de la que hemos sido redimidos (Gálatas 3:13), entonces podemos vivir una larga vida de salud. En Génesis 6:3 Dios nos dice cuánto podemos vivir en salud.

> *Y dijo Jehová: No contenderá mi espíritu con el hombre para siempre, porque ciertamente él es carne; mas serán sus días ciento veinte años.*

La redención restablece este pacto que Dios nos ha dado. La ciencia en la actualidad ha descubierto que el hombre puede vivir 120 años con una nutrición adecuada, ejercicio y la ayuda del reino. El hombre completo, en espíritu, mente y cuerpo, se puede preservar completo durante 120 años (1 Tesalonicenses 5:23).

Nuestra edad no determina nuestra salud. Tenemos la mentalidad de que cuando llegamos a los 50 años, comienza para nosotros una cuesta descendente. Cuando cumplí 50, comencé a recibir correos electrónicos de grupos de la tercera edad, compañías de seguros de salud, residencias y vendedores de nichos. Eso no me animó mucho. Ahora que estoy cumpliendo 65, decidí hacer algo con mi salud.

Estaba comenzando a encajar en la descripción de un ciudadano de la tercera edad deteriorado. Dios me dio un sueño en el que me hacía fuerte. Me mostró cómo, a cualquier edad, con una buena nutrición y ejercicio, nuestro cuerpo obtendría nuevas fuerzas. En cinco meses, perdí 18 kilos, fortalecí mi cuerpo para tener la energía que no había tenido en veinte años, y desapareció todo dolor y achaque. Ahora le digo a mi equipo: "No me pienso jubilar en otros cincuenta años". En nuestras conferencias, ahora enseño e imparto, no solo el mensaje de sanidad, sino también el mensaje sobre la salud que podemos tener después de ser sanados.

Viaje a la Palabra y al Espíritu

1. ¿Le está guiando el Espíritu Santo a hacer algún cambio para mejorar su dieta? Si es así, ¿cuál es? Algunas enfermedades se pueden curar o revertir con una buena nutrición. Atrévase a creer que Dios puede sanarle y lo hará, y que Él le llama a mantener esa sanidad.

2. ¿Qué ejercicio/tipo de programa de ejercicio puede hacer? Recuerde que la fe actúa. Desarrolle un programa con la ayuda de su médico, e involucre a un entrenador y/o familiar o amigo que le apoye. Atrévase a creer que puede llegar a estar más ágil y activo, a pesar de los achaques que

pueda tener. Asegúrese de anotar lo que puede hacer que no podía hacer antes.

3. Pase un tiempo con el Señor y pídale que le dé una visión de usted mismo caminando en perfecta salud. Mantenga esa visión delante de todas sus oraciones y deshágase de la antigua versión enferma de usted mismo. Sin visión, el pueblo perece. (Véase Proverbios 29:18). Visualice lo que está por venir. ¡Atrévase a creer!

Capítulo extraído de "The Kingdom Health Care System", 1 de octubre de 2009, www.healingrooms.com/index.php?page_id=53.

Acerca del autor

Cal Pierce es el fundador y director de International Association of Healing Rooms, con base en Spokane, Washington, la cual provee un lugar para personas enfermas para que acudan a recibir oración por sanidad de personas cristianas entrenadas. Desde que se construyó la primera sala de sanidad en Spokane en 1999, IAHR ha abierto cientos de salas de sanidad por todo el mundo. Cal Pierce ha escrito muchos libros, incluyendo *Preparing the Way: The Reopening of the John G. Lake Healing Rooms in Spokane, Washington.*

ATRÉVASE A CREER, DESPUÉS ORDENE

Smith Wigglesworth

17

ATRÉVASE A CREER, DESPUÉS ORDENE

Smith Wigglesworth

"De cierto, de cierto os digo: El que en mí cree, las obras que yo hago, él las hará también; y aun mayores hará, porque yo voy al Padre. Y todo lo que pidiereis al Padre en mi nombre, lo haré, para que el Padre sea glorificado en el Hijo Si algo pidiereis en mi nombre, yo lo haré".

—Juan 14:12–14

Jesús está hablando aquí, y el Espíritu de Dios puede tomar estas palabras suyas y hacerlas reales para nosotros. *"El que en mí cree...* [obras] *aún mayores hará"*. ¡Qué palabra! ¿Es cierta? Si quiere la verdad, ¿dónde la obtendrá? *"Tu palabra es verdad"* (Juan 17:17), le dijo Cristo al Padre. Cuando usted acepta la Palabra de

Dios, obtiene la verdad. Dios no es el autor de la confusión o el error, sino que envía su luz y verdad y nos guía a su santa habitación, donde recibimos una revelación de la verdad como el mediodía en toda su claridad.

La Palabra de Dios actúa eficazmente en nosotros cuando la creemos. Nos cambia y nos lleva a una nueva comunión con el Padre, con el Hijo y con el Espíritu Santo, a una santa comunión, a una fe firme, a una poderosa seguridad, y nos hará participantes de la misma naturaleza y semejanza de Dios al recibir sus grandes e increíblemente preciosas promesas y creerlas. *"Así que la fe es por el oír, y el oír, por la palabra de Dios"* (Romanos 10:17). La fe es el poder operativo.

Leemos que Cristo abrió el entendimiento de sus discípulos, y Él abrirá nuestro entendimiento y nuestro corazón y nos mostrará cosas maravillosas que no hubiéramos sabido de no ser por la poderosa revelación e iluminación del Espíritu que Él nos da.

No conozco palabras mayores que las que encontramos en Romanos 4:16: *"Por tanto, es por fe, para que sea por gracia"*. La gracia es la bendición de Dios llegando hasta usted, y cuando usted le abre la puerta a Él, eso es un acto de fe, y Él hace todo lo que usted quiere y cumplirá todos sus deseos. *"Es por fe, para que sea por gracia"* (Romanos 4:16). Usted abre el camino para que Dios obre mientras usted cree su Palabra, y Dios vendrá y suplirá todas sus necesidades durante todo el camino.

Nuestro Señor Jesús dijo a sus discípulos, y nos lo dice a nosotros en este pasaje del capítulo 14 de Juan: "Me han visto trabajar y saben cómo trabajo. Ustedes harán las mismas cosas que yo estoy haciendo, y mayores cosas harán, porque yo voy al Padre, y cuando ustedes hagan una petición en mi nombre, yo actuaré. Haré lo que ustedes pidan, y mediante eso el Padre será glorificado".

¿Alguna vez hizo alguien lo que Él hizo? No me refiero a su carpintería. Me refiero a su obra en los corazones de las personas. Él los acercó a Dios. Ellos llegaban con sus necesidades, con sus enfermedades, con su opresión, y Él los aliviaba. Este Visitante real, que vino del Padre para expresar su amor, habló a los hombres, pasó tiempo con ellos en sus casas, se enteró de cada una de sus necesidades. Iba haciendo el bien y sanando a todos los oprimidos por el diablo, y les dijo, y nos dice a nosotros: "Ustedes ven lo que he estado haciendo, sanando a los enfermos, aliviando a los oprimidos, echando fuera demonios. Las obras que yo hago ustedes también las harán". ¿Se atreve a creerlo? ¿Aceptará ese trabajo que Él dejó y lo llevará a cabo?

"El que en mí cree". ¿Qué es esto? ¿Qué significa? ¿Cómo puede ser que solo creyendo sucedan estas cosas? ¿Qué poder hay en ello? Hay poder en estas palabras porque Él las declara. Si recibimos esta palabra y la declaramos, se conseguirán esas mayores obras. Esta es una declaración positiva de su *"El que en mí cree... aún mayores hará"*, pero la incredulidad ha impedido nuestro progreso en el ámbito de lo espiritual.

Deshágase de la incredulidad. Abra su corazón a la gracia de Dios. Entonces Dios vendrá y pondrá en usted una fe definitiva. Él quiere quitar cualquier obstrucción que haya en el mundo que tiene delante. Por su gracia, Él le permitirá ser establecido en su verdad, fuerte en el Señor y en el poder de su fuerza, a fin de que ante cualquier cosa que se cruce en su camino para obstruirle, usted pueda levantarse con un poder divino y reprenderlo y destruirlo.

Es un asunto de entender con claridad entre nosotros y Dios. Reconocer que Cristo tiene una fuerza de vida que poner en nosotros, cambia todo lo que nos atrevemos a *creer* que cambiará. El que cree que Jesús es el Cristo vence al mundo. Como creemos que Jesús es el Cristo, la esencia de la vida divina está en nosotros por fe y provoca una separación perfecta entre nosotros y el mundo.

No queda espacio en nosotros para el pecado. Es algo gozoso que podamos hacer lo correcto. Él hará que una gracia abundante fluya a nuestros corazones para que el pecado no tenga dominio sobre nosotros. El pecado no tendrá dominio; ni la enfermedad, ni la aflicción. *"El que en mí cree"*, el que se atreve a creer, el que se atreve a confiar, verá la victoria sobre cada opresión del enemigo.

Una criatura necesitada vino a mí en una reunión, toda débil y agotada. No tenía esperanza. Había muerte en sus ojos. Estaba tan desanimado que necesitaba a dos personas a su lado para sostenerle. Se acercó a mí y dijo susurrando: "¿Me podría ayudar?". ¿Responderá Jesús? *"El que en mí cree, las obras que yo hago, él las hará también; y aun mayores hará"*. *"He aquí os doy potestad de hollar serpientes y escorpiones, y sobre toda fuerza del enemigo, y nada os dañará"* (Lucas 10:19). Estas son las palabras de nuestro Señor Jesús. No es nuestra palabra sino la palabra del Señor, y como esta palabra está en nosotros, Él puede convertirla en una pasión ardiente en nosotros. Hacemos nuestra la Palabra de Dios cuando la creemos. Recibimos la Palabra y tenemos la vida misma de Cristo en nosotros. Nos convertimos en agentes sobrenaturales por el poder de Dios. Encontramos este poder actuando a través de cada parte de nuestro ser.

Ahora bien, Cristo nos da algo además de la fe. Nos da algo para hacer efectiva la fe. Cualquier cosa que usted desee, si lo cree en su corazón lo tendrá. Cristo dijo: *"Tened fe en Dios. Porque de cierto os digo que cualquiera que dijere a este monte: Quítate y échate en el mar, y no dudare en su corazón, sino creyere que será hecho lo que dice, lo que diga le será hecho. Por tanto, os digo que todo lo que pidiereis orando, creed que lo recibiréis, y os vendrá"* (Marcos 11:22–24). ¡*Lo que diga!* Atrévase a hablar en fe, y le será hecho. Estas cosas las prometió Cristo, y Él no miente.

Este hombre afligido estaba delante de mí sin esperanza y agotado. Había tenido cáncer en su estómago. Los médicos le habían operado para quitarle el cáncer de su estómago, pero habían surgido complicaciones con el resultado de que no podía entrar comida en el estómago de este hombre. No podía tragar nada. Así que para mantenerle con vida le hicieron un agujero en su estómago y le pusieron un tubo de unos veinticinco centímetros de largo con un vasito arriba, y le alimentaban con líquido por ese tubo. Durante tres meses le habían mantenido con vida pero estaba como un esqueleto.

¿Qué le podía decir? *"¿No te he dicho que si crees, verás la gloria de Dios?"* (Juan 11:40).

Aquí estaba la palabra de Cristo: *"El que en mí cree, las obras que yo hago, él las hará también; y aun mayores hará, porque yo voy al Padre"*. La Palabra de Dios es verdad. Cristo está con el Padre y nos concede nuestras peticiones, y hace que estas cosas se manifiesten, si creemos. ¿Qué podía yo hacer en presencia de un caso como este? *"Creer la Palabra"*. Así que creí la Palabra que dice: *"Lo que diga le será hecho"* (Marcos 11:23). Dije: "Váyase a casa y hágase una buena cena". Él dijo: "No puedo tragar". "Vaya a casa, y hágase una buena cena", repetí. "Con la autoridad de la Palabra de Dios se lo digo. Cristo dice que el que cree que las cosas que dice sucederán, recibirá todo lo que diga. Así que le digo que se vaya a casa en el nombre de Jesús, y se haga una buena cena".

Él se fue a su casa. Le prepararon una buena cena. Había tenido muchas veces comida en su boca pero siempre se había visto forzado a escupirla de nuevo. Pero me atreví a creer que podría tragar esa noche. Así que el hombre llenó su boca como había hecho antes, y como alguien se atrevió a creer la Palabra de Dios y le dijo: "Tendrá una buena cena en el nombre de Jesús", cuando masticó su comida entró a su estómago de manera normal, y comió hasta quedar satisfecho.

Él y su familia se fueron a la cama llenos de gozo. A la mañana siguiente cuando se levantaron, estaban llenos del mismo gozo. La vida había vuelto a comenzar. Naturalmente él miraba el agujero que le habían hecho en su estómago los médicos. Pero Dios sabía que él no quería dos agujeros, y cuando Dios abrió el paso normal, Él cerró el otro agujero de su estómago. Este es el tipo de Dios que tenemos todo el tiempo, un Dios que conoce, un Dios que actúa, y hace que sucedan las cosas cuando creemos. Atrévase a creer, y después atrévase a hablar, y tendrá cualquier cosa que diga si no duda.

Una mujer se acercó a mí una noche y me preguntó: "¿Puedo volver a oír? ¿Es posible que yo vuelva a oír? Me han operado varias veces y me han quitado los tímpanos". Yo dije: "Si a Dios no se le ha olvidado cómo crear tímpanos para los oídos, usted puede volver a oír". ¿Cree que a Dios se le ha olvidado? ¿Qué olvida Dios? Él olvida nuestros pecados, cuando somos perdonados, pero no se ha olvidado de hacer tímpanos para los oídos.

No hace mucho el poder de Dios estaba muy fuerte en una reunión que estaba celebrando. Les estaba diciendo a las personas que podían ser sanados sin que yo fuera a ellos. Si se levantaban, yo oraba, y el Señor les sanaba. Había un hombre que levantó su mano. Yo dije: "¿Ese señor no se puede levantar?". Los que estaban cerca de él dijeron que no podía, y le levantaron. El Señor le sanó; las costillas que tenía rotas se soldaron de nuevo y fue sanado.

Había tal fe en ese lugar que una niña gritó: "Por favor, caballero, venga hasta aquí". No se le veía. Era muy pequeña. La madre dijo: "Mi niña quiere que usted vaya". Así que bajé hasta donde estaba esta niña, que aunque tenía catorce años era muy pequeña. Dijo con lágrimas cayendo por su rostro: "¿Podría orar por mí?". Yo dije: "¿Te atreves a creer?". Ella dijo: "Oh, sí". Oré y puse mis manos sobre su cabeza en el nombre de Jesús.

"Madre", dijo, "estoy siendo sanada. Quítame estas cosas, retíralas todas". La madre soltó las vendas y cintas, y luego la niña dijo: "Madre, estoy segura de que estoy sana. Quítame esto". Tenía vendas en sus piernas y un hierro en su pie de unos diez centímetros. Le pidió a la madre que la desatase. Su madre le quitó las cintas. No había muchas personas con los ojos secos al ver a la niña caminar con sus piernas tan normal como cuando nació. Dios sanó a esta niña al instante. ¿Qué pasó? La niña había gritado: "Por favor, caballero, venga hasta aquí", y su anhelo tenía la fe por compañera. Que el Señor nos ayude a ser como niños.

Dios ha escondido estas cosas de los sabios y prudentes, y se las ha revelado a los bebés. Hay algo en la fe de los niños en Dios que nos hace atrevernos a creer, y luego a actuar. Cualquier cosa que haya en su vida que esté atada, el nombre de Jesús y el poder de ese nombre lo romperá si tan solo cree. Cristo dice: "*Y todo lo que pidiereis al Padre en mi nombre, lo haré*". Dios será glorificado en Cristo cuando usted reciba la vida rebosante que viene de Cristo como respuesta a su fe.

Atrévase a creer. ¿Cree que la verdad está en la Palabra para mofarse de usted? ¿Acaso no ve que Dios realmente dice que usted debería vivir en el mundo para liberar la opresión del mundo? Dios nos responde que seremos avivamos, moldeados de nuevo, que la Palabra de Dios cambiará todo lo que debe ser cambiado, tanto en nosotros como en otros, si nos atrevemos a creer y al ordenar que las cosas sucedan. "*...Cualquiera que dijere a este monte: Quítate y échate en el mar, y no dudare en su corazón, sino creyere que será hecho lo que dice,* ***lo que diga le será hecho***" (Marcos 11:23).

Viaje a la Palabra y al Espíritu

1. ¿Qué quiere pedirle al Señor? Escriba su petición concreta y luego encuentre un versículo de los que aparecen en el siguiente capítulo que corresponda con su petición. Órelo en voz alta, declarando la bondad de Dios.

2. ¿Se atreve a creer? Cualquier cosa de la que haya sido sanado o esté aún esperando a ser sanado, ¿tomará usted la obra que Cristo le ha dejado, para llevarla a acabo?

Capítulo extraído de "Dare to Believe, Then Command", *Pentecostal Evangel*, 30 de marzo de 1940, smithwigglesworth.blogspot.com/search?q=dare+to+believe%2C+then+command.

Acerca del autor

Smith Wigglesworth (1859–1947), conocido como el Apóstol de Fe, tuvo un ministerio internacional evangelístico y de sanidad. Fontanero de profesión, Wigglesworth tuvo un cambio de vida drástico cuando, a los cuarenta y ocho años, fue bautizado en el Espíritu Santo y ungido con poder para predicar y sanar. Señales y prodigios caracterizaron su ministerio. Su fe inextinguible inspiró a miles a recibir salvación, sanidad y la llenura del Espíritu Santo.

CIEN VERSÍCULOS SOBRE SANIDAD

Compilado por David Emigh

18

CIEN VERSÍCULOS SOBRE SANIDAD

Compilado por David Emigh

Las siguientes frases son lo que Dios ha dicho personalmente sobre la sanidad. Hasta el punto en que usted permita que fluyan en su corazón, fluirá la sanidad hasta su cuerpo. Una vez que la Palabra de Dios tiene el permiso de cobrar vida en el corazón, cambia el resto de la persona. Sea paciente; una semilla necesita tiempo para crecer, pero cuando lo hace, da fruto durante muchas temporadas.

Antiguo Testamento

1. *"Porque yo soy Jehová tu sanador"* (Éxodo 15:26).
2. *"Y serás sepultado en buena vejez"* (Génesis 15:15).

3. *"Vendrás en la vejez a la sepultura, como la gavilla de trigo que se recoge a su tiempo"* (Job 5:26).

4. *"Y veré la sangre y pasaré de vosotros, y no habrá en vosotros plaga de mortandad"* (Éxodo 12:13).

5. *"Y yo quitaré toda enfermedad de en medio de ti… y yo completaré el número de tus días"* (Éxodo 23:25–26).

6. "No pondré ninguna de las enfermedades que temen sobre ustedes, sino que alejaré de ustedes toda enfermedad". (Véase Deuteronomio 7:15).

7. "Todo te irá bien, y tus días te serán multiplicados y prolongados como los días del cielo sobre la tierra". (Véase Deuteronomio 11:9, 21).

8. "Cambié la maldición en bendición para ti, porque te amé". (Véase Deuteronomio 23:5; Nehemías 13:2).

9. "Te he redimido de '*toda enfermedad y toda plaga*'" (Deuteronomio 28:61; véase también Gálatas 3:13).

10. *"Y como tus días serán tus fuerzas"* (Deuteronomio 33:25).

11. *"Que halló redención* [para ti]. [Tu] *carne será más tierna que la del niño,* [tú] *volverás a los días de* [tu] *juventud"* (Job 33:24–25).

12. "Te he sanado y levantado tu alma de la tumba; te he guardado con vida de caer al hoyo". (Véase Salmos 30:2–3).

13. "Te daré fortaleza y te bendeciré con paz". (Véase Salmos 29:11).

14. "Te preservaré y te mantendré vivo". (Véase Salmos 41:2).

15. "Te fortaleceré sobre el lecho de muerte; acomodaré tu cama en tu enfermedad". (Véase Salmos 41:3).

16. "Yo soy la salud de tu rostro, y tu Dios". (Véase Salmos 43:5).

17. "*No te sobrevendrá mal, ni plaga tocará tu morada*" (Salmos 91:10).

18. "[Te] *saciaré de larga vida, y* [te] *mostraré mi salvación*" (Salmos 91:16).

19. "Yo sano todas tus enfermedades". (Véase Salmos 103:3).

20. "Envié mi palabra y te sané y te libré de tus destrucciones". (Véase Salmos 107:20).

21. "No morirás, sino vivirás y declararás mis obras". (Véase Salmos 118:17).

22. "Yo sano tu corazón quebrantado y vendo tus heridas". (Véase Salmos 147:3).

23. "*Y se te multiplicarán años de vida*" (Proverbios 4:10).

24. "Confiar en mí produce salud a tu cuerpo y medicina a tus huesos". (Véase Proverbios 3:8).

25. "Mis palabras son vida para ti, y salud/medicina para tu cuerpo". (Véase Proverbios 4:22).

26. "Mis buenas nuevas fortalecen tus huesos". (Véase Proverbios 15:30).

27. "Mis palabras amables son dulces para tu alma y salud para tus huesos". (Véase Proverbios 16:24).

28. "Mi gozo es tu fortaleza". (Véase Nehemías 8:10). *"El corazón alegre constituye buen remedio"* (Proverbios 17:22).

29. *"No se ofuscarán entonces los ojos de los que ven, y los oídos de los oyentes oirán atentos"* (Isaías 32:3).

30. *"Entonces los ojos de los ciegos serán abiertos, y los oídos de los sordos se abrirán"* (Isaías 35:5).

31. *"Y la lengua de los tartamudos hablará rápida y claramente"* (Isaías 32:4). *"Entonces... cantará la lengua del mudo"* (Isaías 35:6).

32. *"Entonces el cojo saltará como un ciervo"* (Isaías 35:6).

33. "Te recuperaré y te haré vivir. Estoy listo para salvarte". (Véase Isaías 38:16, 20).

34. "Daré fuerza al desfallecido. Aumentaré el vigor a los que no tienen fuerzas". (Véase Isaías 40:29).

35. "Renovaré tus fuerzas. Te fortaleceré y te ayudaré". (Véase Isaías 40:31; 41:10).

36. *"Y hasta la vejez... y hasta las canas os soportaré yo... yo llevaré"* (Isaías 46:4).

37. "Yo llevé tu enfermedad". (Véase Isaías 53:4).

38. "Yo sufrí tus dolores". (Véase Isaías 53:4).

39. "Yo fui hecho enfermedad por ti". (Véase Isaías 53:10).

40. "Por mi llaga fuiste sanado". (Véase Isaías 53:5).

41. "Te sanaré". (Véase Isaías 57:19).

42. *"Entonces nacerá tu luz como el alba, y tu salvación se dejará ver pronto"* (Isaías 58:8).

43. *"Mas yo haré venir sanidad para ti, y sanaré tus heridas, dice Jehová"* (Jeremías 30:17).

44. *"He aquí que yo* [te] *traeré sanidad y medicina; y* [te] *curaré, y* [te] *revelaré abundancia de paz y de verdad"* (Jeremías 33:6).

45. *"Yo... vendaré la perniquebrada, y fortaleceré la débil"* (Ezequiel 34:16).

46. *"He aquí, yo hago entrar espíritu en vosotros, y viviréis... Y pondré mi Espíritu en vosotros, y viviréis"* (Ezequiel 37:5, 14).

47. *"Y toda alma viviente que nadare por dondequiera que entraren estos dos ríos, vivirá... y recibirán sanidad; y vivirá todo lo que entrare en este río"* (Ezequiel 47:9).

48. *"Buscadme, y viviréis"* (Amós 5:4; véase también el versículo 6).

49. "Me he levantado con sanidad en mis alas [rayos]". (Véase Malaquías 4:2).

Nuevo Testamento

50. *"Quiero; sé limpio"* (Mateo 8:3).

51. "Yo llevé tus enfermedades". (Véase Mateo 8:17).

52. "Yo cargué tus dolencias". (Véase Mateo 8:17).

53. "Si estás enfermo, necesitas un médico". (Véase Mateo 9:12). "Yo soy el Señor tu médico". (Véase Éxodo 15:26).

54. "Tengo compasión hacia los enfermos, y los sano". (Véase Mateo 14:14).

55. Yo sano *"toda enfermedad y toda dolencia"* (Mateo 4:23).

56. *"Conforme a vuestra fe os sea hecho"* (Mateo 9:29).

57. Te doy *"autoridad sobre los espíritus inmundos, para que los echasen fuera, y para sanar toda enfermedad y toda dolencia"* (Mateo 10:1; véase también Lucas 9:1).

58. "Yo sano a todos". (Véase Mateo 12:15; Hebreos 13:8).

59. "Todos los que me tocan son perfectamente sanados". (Véase Mateo 14:36).

60. "La sanidad es el pan de los hijos". (Véase Mateo 15:26).

61. "Yo hago todas las cosas bien. Hago que los sordos oigan y los mudos hablen". (Véase Marcos 7:37).

62. *"Si puedes creer, al que cree todo le es posible"* (Marcos 9:23; véase también Marcos 11:23–24).

63. "Cuando se impongan manos sobre ti, te recuperarás". (Véase Marcos 16:18).

64. "Mi unción sana al quebrantado, libera al cautivo, devuelve la vista al ciego y pone en libertad al herido". (Véase Lucas 4:18; Isaías 10:27; 61:1).

65. "Yo sano a todos los que necesitan sanidad". (Véase Lucas 9:11).

66. "Yo no he venido para destruir las vidas de los hombres sino para salvarlas". (Véase Lucas 9:56).

67. *"He aquí os doy potestad... sobre toda fuerza del enemigo, y nada os dañará"* (Lucas 10:19).

68. La enfermedad es una atadura satánica, y debieras ser desatado hoy. (Véase Lucas 13:16; 2 Corintios 6:2).

69. "En mí está la vida". (Véase Juan 1:4).

70. "Yo te doy vida". (Véase Juan 6:33). *"Yo soy el pan de vida"* (versículos 35).

71. *"Las palabras que yo os he hablado son espíritu y son vida"* (Juan 6:63).

72. *"Yo he venido para que* [tengas] *vida, y para que la* [tengas] *en abundancia"* (Juan 10:10).

73. *"Yo soy la resurrección y la vida"* (Juan 11:25).

74. *"Si algo pidiereis en mi nombre, yo lo haré"* (Juan 14:14).

75. "La fe en mi nombre te hace fuerte y te da perfecta salud". (Véase Hechos 3:16).

76. "Yo extiendo mi mano para sanar". (Véase Hechos 4:30).

77. "Yo, Jesucristo, te sano". (Véase Hechos 9:34).

78. "Yo hago el bien y sano a todos los oprimidos del diablo". (Véase Hechos 10:38).

79. "Mi poder hace que las enfermedades se alejen de ti". (Véase Hechos 19:12).

80. *"Porque la ley del Espíritu de vida en* [mí] [te] *ha librado de la ley del pecado y de la muerte"* (Romanos 8:2).

81. "El mismo Espíritu que me resucitó de la muerte ahora vive en ti, y ese Espíritu avivará tu cuerpo mortal". (Véase Romanos 8:11).

82. "Tu cuerpo es un miembro mío". (Véase 1 Corintios 6:15).

83. "[Tu] *cuerpo es templo del Espíritu Santo... glorificad* [me], *pues, en* [tu] *cuerpo y en* [tu] *espíritu, los cuales son de Dios"* (1 Corintios 6:19–20).

84. "Si disciernes bien mi cuerpo que fue partido por ti, y te juzgas, no serás juzgado, y no serás débil, ni te enfermarás ni morirás prematuramente". (Véase 1 Corintios 11:29–31).

85. "He entregado dones de sanidad a miembros de mi cuerpo [el cuerpo de Cristo]". (Véase 1 Corintios 12:9).

86. "Mi vida puede ser manifestada en tu cuerpo mortal". (Véase 2 Corintios 4:10–11).

87. "Te he librado de la muerte; te libro; y si confías en mí, te libraré". (Véase 2 Corintios 1:10).

88. "Te he dado mi nombre y he puesto todas las cosas debajo de tus pies". (Véase Efesios 1:20–22).

89. "Quiero que todo te vaya bien, y quiero que vivas una larga vida sobre la tierra". (Véase Efesios 6:3).

90. "Te he librado de la autoridad de las tinieblas". (Véase Colosenses 1:13).

91. "Te libraré de toda obra malvada". (Véase 2 Timoteo 4:18).

92. "Yo probé la muerte por ti. Destruí al diablo, que tenía el poder sobre la muerte. Te he librado a ti que, mediante el temor a la muerte, estabas sometido a esclavitud". (Véase Hebreos 2:9, 14–15).

93. "Yo lavo tu cuerpo con agua pura". (Véase Hebreos 10:22; Efesios 5:26).

94. "Levanta las manos caídas y las rodillas paralizadas. No dejes que lo que está torcido se desvíe sino más bien permíteme sanarlo". (Véase Hebreos 12:12–13).

95. "Que los ancianos te unjan y oren por ti en mi nombre, y te levantaré". (Véase Santiago 5:14–15).

96. "Oren unos por otros, y yo les sanaré". (Véase Santiago 5:16).

97. "Por mi llaga fuisteis curados". (Véase 1 Pedro 2:24).

98. "*Como todas las cosas que pertenecen a la vida y a la piedad* [te] *han sido dadas por* [mi] *divino poder, mediante el conocimiento de* [mí]" (2 Pedro 1:3).

99. "*Y el que quiera* [venga], *tome del agua de la vida gratuitamente*" (Apocalipsis 22:17).

100. "*Amado, yo deseo que tú seas prosperado en todas las cosas, y que tengas salud*" (3 Juan 1:2).

Capítulo tomado de http://hopefaithprayer.com/scriptures/100-things-god-said-about-healing-david-emigh/.